KB109306

한국의 핵무장

차례
Contents

일러두기   · 이 책의 내용은 동일 저자(Kim Jae-Yeop)가 쓴, "South Korea: Denuclearization versus Nuclear Armament", in Joan Cunningham (ed), *Nuclear Weapons: Global Programmes, Challenges and Security Implications*, (Hauppauge, NY: Nova Science Publishers, 2017), pp.31~94의 내용을 바탕으로 수정·보완한 것임을 밝힙니다.

들어가며

　지금으로부터 70여 년 전인 1945년, 제2차 세계대전이 미국, 소련, 영국 등 연합국의 승리로 막을 내렸다. 침략자인 나치 독일, 파시스트 이탈리아, 그리고 제국주의 일본의 패망으로 이들의 식민·점령 지배 아래 놓여왔던 여러 국가와 민족에는 해방의 기회가 찾아왔다. 아시아에서도 지난 1910년부터 35년 동안이나 일본으로부터 무단(武斷) 통치, 민족 말살, 침략 전쟁 동원 등의 잔혹한 식민 지배를 받았던 한반도가 광복을 맞이했다. 하지만 그것은 한민족에게 진정한 의미의 해방을 가져오지 못했다. 일본의 패망 직후, 양대 승전국인 미국과 소련이 북위 38도선을 기준으로 한반도를 분할 점령하고, 남북에서 각각 군정(軍政)을 실시했기 때문이다. 3년 후인 1948년 한반도 이남에는 미국의 지원을 받는 '대한민국'(이하 한국) 정부, 이북에는 소련의 지원을 받는 '조선민주주의 인민공화국'(이하 북한) 정부가 각각 수립되었다.

한반도의 정치적 분단은 2년 만인 1950년 6월 25일, 북한의 기습적 무력 침략으로 6·25전쟁이 발발했다. 3년 동안 계속된 전쟁으로 한반도는 역사상 최악의 파괴·살상을 경험했다. 1953년 7월 27일 휴전이 성립되었지만, 이후에도 남북한 양측 사이에 정치적·이념적 증오, 불신 상태가 계속되었다. 특히 북한 정권이 한국을 겨냥하여 자행한 수많은 군사 도발, 테러리즘 활동은 한반도에서 대립 구도를 더욱 악화시켰다. 심지어 1990년대 초 소련, 동유럽을 비롯한 전 세계적인 공산주의 몰락에 따른 냉전(冷戰) 체제의 종식도 한반도의 정치적·이념적·군사적 대립을 끝내지는 못했다.

오히려 한반도의 정치적·군사적 대립과 분쟁은 북한의 핵무장 문제로 역사상 그 어느 때보다 세계 평화와 안전을 위협하는 근심거리로 촉발되고 있는 상황이다. 이는 전적으로 북한 정권의 도발적·호전적 행태, 특히 핵무기와 탄도미사일 등 대량살상무기(WMD: Weapons of Mass Destruction)의 개발·확보에 관한 집착에서 비롯된 것이다. 북한의 핵무기 개발 시도가 처음으로 드러난 1990년대 이래 한국과 국제사회는 북한을 비핵화(denuclearization)시키기 위해 수많은 외교적 노력을 기울여왔고, 적지 않은 가시적 성과를 도출해내기도 했다. 그러나 이러한 노력은 북한의 일방적인 합의 파기, 불이행으로 인해 번번이 실패했다. 이제 북한은 국제적인 대량살상무기 비확산(non-proliferation) 질서의 통제를 벗어나 핵무장 능력의 양적·질적 수준을 강화하고 있으며, 자신들이 주장하는 '핵보유국(nuclear weapon state)' 지위를 공고히 하는 데 혈안이 되어 있다.

비핵화를 위한 외교적 노력의 실패가 반복되고 북한의 핵무장 위협이 갈수록 악화되는 현실에서, 한국 내부에서도 '한반도의 평화적인 비핵화' 가능성에 대한 기대와 확신이 크게 약화되고 있다. 그뿐만 아니라 한국의 일반 대중, 여론 주도층(opinion leader), 정치권 내에서도 유사시에 동맹 미국의 핵(核) 억지력 제공, 즉 '핵우산(核雨傘: nuclear umbrella)'에 의존하는 그동안의 대북(對北) 방위전략을 더 이상 믿을 수 없다는 주장이 고조되었다. 그 결과 한국의 독자적인 핵무기 개발, 또는 미군 핵무기의 도입 및 배치를 통해 북한의 핵 위협에 맞서야 한다는 '핵무장론(核武裝論)'에 대한 지지가 그 어느 때보다 힘을 얻고 있는 상황이다. 옛날 같으면 종북(從北)·친일(親日)과 동급의 위험천만한 생각으로 여겨지거나 소설 『무궁화 꽃이 피었습니다』와 드라마 「아이리스」 등 가

공의 이야기에나 등장했을 핵무장에 대해, 이제 한국 사회에서도 공개적으로 주장하는 것이 현실이다.

　이 책은 다음의 4가지 내용을 중심으로 한다. 첫째, 1950년대 미군 핵무기 배치, 1970년대 박정희 대통령 시절의 독자 핵무기 개발 계획, 1990년대 「한반도 비핵화 선언」에 따른 비핵화 정책의 채택, 현재의 핵무장론 등장에 이르기까지 역사상 배경에서 한국과 핵무기의 관계를 살펴본다. 둘째, 독자적인 핵무기 개발과 미군 핵무기의 배치·도입을 비롯한 한국의 핵무장이 과연 군사적·기술적·정치적·외교적 측면에서 얼마나 타당한지를 평가한다. 셋째, 핵무장을 통해 발생할 수 있는 전략적인 이익과 손실을 비교·고찰하여 핵무장이 한국의 국가 안보에 바람직한 선택인지를 평가한다. 그리고 넷째, 핵무장의 타당성과 실효성 여부를 중심으로 한국이 북한의 핵무장 위협에 맞서기 위해 선택해야 할 정책 대안들을 제시한다.

　과연 한국에 핵무장은 '불가피한 구국의 길'인가, 아니면 '허황된 망상'에 불과할 뿐인가? 이 책이 독자들의 의문에 부족하나마 대답이 될 수 있다면 필자로서는 더 바랄 나위가 없다. 끝으로 부족함이 많은 이 책의 출간을 기꺼이 허락하고 제작을 위해 노력해주신 살림출판사 관계자 여러분께 진심으로 감사의 인사를 올린다.

제1장 한국과 핵무기의 역사상 관계

1950~1960년대: 6·25전쟁과 미군 핵무기 배치

한국과 핵무기의 역사상 관계는 지금으로부터 60여 년 전인 1950년 6·25전쟁 당시로 거슬러 올라간다. 미국이 1945년 8월 6일과 9일 일본의 히로시마(廣島)와 나가사키(長崎)에 원자폭탄을 투하하고 일본을 항복시킴으로써 제2차 세계대전을 종식시킨 지 5년 만에, 한반도에서 6·25전쟁이 발발했다. 하지만 5년 전과는 달리 미국은 더 이상 핵무기 독점 국가가 아니었다. 불과 1년 전인 1949년에 공산주의 진영이 맹주였던 소련도 핵무기 개발에 성공했기 때문이다.

그 결과 미국은 한반도에서의 군사 대결이 소련과 직접적·전면적인 전쟁으로 확대·악화될 가능성을 배제하기 위해 핵무기 사용을 자제할 수밖에 없었다. 한 예를 보자. 1950년 10월 말 중국 중공군의 참전으로 한국군과 미군 중심 UN군 북진이 좌절되고 후퇴를 거듭하자, 1개월 후인 11월 30일 해리 트루먼 미국 대통령은 "미국은 보유 중인 모든 무기 사용을 포함하여 군사적 상황에 대처할 어떠한 조치도 취할 것이다. 핵무기 사용에 대해서도 늘 적극적으로 고려해왔다"라고 발언했다. 그러자 곧바로 클레멘트 애틀리 영국 수상이 미국을 방문하여 반대 의사를 표시했다. 결국 미국은 "영국과 협의 없이는 한반도에서 핵무기 사용을 고려하지 않겠다"라고 구두로 약속하여 영국의 우려를 무마시켜야 했다.[1]

해를 넘긴 1951년 7월부터 북한, 중국 등 공산군과 UN군 사이의 휴전 협상이 본격적으로 시작되면서 미국은 더 신속하고 유리한 조건을 유도하기 위해 핵무기 사용 가능성을 일종의 강압외교(coercive diplomacy) 수단으로 활용하기 시작했다. 특히, 제2차 세계대전 당시 연합군 사령관을 역임한 전쟁 영웅 드와이트 아이젠하워가 미국 34대 대통령에 당선되면서부터다. '한반도에서 조속하고 명예로운 종전(終戰)'을 약속하며 당선된 그가 대통령으로 취임한 1953년 1월이 그 기점이다. 이때부터 미국은 한반도에서 군사적 교착상태를 타개하기 위해 공산군을 겨냥한 핵무기 사용 가능성을 더 적극적으로 검토하게 되었다. 이에 따라 미 합동참모본부와 UN군 사령부는 공산군과 휴전 협상이 실패할 경우를 전제로, 「작전계획 8-52」로 명명된 한반도 내 전쟁 수행 계획을 핵무기 사용이 가능하도록 수정하는 방안을 준비했다. 동시에 아이젠하워 행정부는 다양한 외교적 경로를 통해, 미국이 한반도에서 핵무기를 사용할 수 있음을 중국과 소련에 전달했다.[2]

그리고 결정적으로 미 공군은 1953년 2월, 그동안 폭격 대상에서 유보해왔던 북한의 수력발전소와 저수지를 겨냥한 공습을 수행했다. 이는 농업경제를 황폐화하여 북한의 전쟁 수행 능력에 타격을 주겠다는 의도뿐만 아니라, 그동안 미군이 정했던 전쟁 수행상의 제한을 스스로 해제함으로써 공산군에게 핵무기를 사용할 의지가 있음을 과시하기 위한 것이었다. 결국 북한과 중국을 비롯한 공산군은 5월 25일 UN군 사령부가 제시한 포로 교환 조건을 수용, 2개월 후인 7월 27일에는 마침내 휴전협정이 체결되었다.

휴전협정으로 6·25전쟁이 끝난 지 약 2년이 경과한 1955년 말부터 1956년 사이에 미국은 처음으로 한국 영토에 자신들의 핵무기를 배치하는 방안을 검토하기 시작했다. 공산군이 휴전협정의 제13조 D항, 즉 "한반도에 국경 외부

로부터 추가적인 무기 반입 금지"를 무시한 채 휴전 이후에
도 계속 북한 지역에 무기를 증강해왔기 때문이다. 동시에
미국은 한반도 유사시 북한뿐만 아니라 중국과 소련 등 인
근 공산 진영 군사력의 참전을 억지·격퇴하기 위해서도 한
국에 추가 병력 증강이 필요하다고 인식했다.

마침내 1957년 6월 21일, 미국이 주도하는 UN군 사령부
는 판문점에서 열린 군사정전위원회 제57차 본회의에서 휴
전협정 제13조 D항의 폐기를 선언했다. 이로써 미국은 한국
에 핵무기를 비롯한 각종 전력을 추가로 배치·증강할 수 있

주한미군의 280밀리미터 대포와 '어니스트 존' 지대지로켓(왼쪽), '서전트' 지대지미사
일(오른쪽). 냉전 시절 미국이 한국에 배치했던 대표적인 단거리 핵무기 탑재·발사 수
단들이었다.

는 명분을 마련했다. 아울러 이는 아이젠하워 행정부의 집권 시절인 1950년대 미국이 소련 주도의 공산 진영에 의한 군사적 위협을 억지·격퇴하기 위해 핵무기의 역할을 더 강조하는 '뉴 룩(New Look: 새로운 시각)' 정책, '대량 보복(massive retaliation)' 전략에 바탕을 두고 있었다. 다시 말해 수백만 병력에 달하는 소련의 거대한 재래식 군사력에 맞서기 위해서는 핵무기를 일종의 전술 무기로 적극 동원하여 재래식 군사력의 양적 열세를 대체·보완해야 한다는 발상이었던 것이다.[3] 이를 위해 미국은 1953년 1,000개였던 핵무기 보유량을 1960년 1만 8,000개까지 급증시켰을 뿐만 아니라, 더 다양한 무기 체계(예를 들어 항공기 투하용 폭탄, 지대지미사일, 대포, 지뢰 등)에서 운용할 수 있는 핵무기의 개발을 적극 진행했다.

1958년 1월 28일, M65 구경 280밀리미터 대포와 MGR-1 '어니스트 존' 지대지 무유도 로켓이 주한미군에 도입되었다. 비록 사거리 30킬로미터에 불과한 전술급 무기였지만, 모두 미국의 단거리 핵무기를 탑재·운용할 수 있는 무기 체계였다.[4] 이 두 무기의 도입을 시작으로 미국은 항공기 투하용 폭탄, 대포, 지대지미사일, 심지어는 지뢰에도 장착할 수 있는 핵무기를 주한미군 소속으로 대량 배치했다. 특히 1959년과 1961년에 각각 배치된 MGM-1 '마타도어', MGM-13 '메이스' 순항미사일은 사거리가 1,000킬로미터

를 상회하여 북한뿐만 아니라 중국, 소련 영토까지 핵무기를 발사할 수 있었다.[5]

1961년까지 주한미군에 배치된 미국의 단거리 핵무기는 총 611개에 달했는데 이는 당시 미국이 아시아·태평양 지역에 배치한 핵무기의 30퍼센트가 넘는 규모였다. 1967년에는 총 949개의 미군 단거리 핵무기가 배치되어 사상 최대 수량을 기록했다.[6] 이후 미국은 1970년대 중·후반에 일본 오키나와, 대만, 필리핀 등 아시아·태평양 지역 대부분에서 핵무기를 철수했지만 한국에서는 600개가량의 단거리 핵무기 배치를 지속했다.

당시 미국은 북한과 중국의 침략으로 한반도에서 전쟁이 다시 발발할 경우, 이들 단거리 핵무기를 전쟁 초반부터 적극적으로 동원할 계획을 세우고 있었다. 다시 말해 공산군이 서울 등 한국의 수도권 지역을 단기간 내에 점령하는 것을 막기 위해 비무장지대(DMZ)를 비롯한 휴전선 전방 지역에서부터 주한미군의 핵무기를 사용하여 공산군의 진격을 저지한다는 것이었다.[7] 이를 위해 주한미군은 자신들의 단거리 핵무기를 전방 지역에 배치시켜 유사시 신속한 동원 태세를 유지했다. 그러나 이는 핵무기를 전방 지역에서 사용함으로써 자칫 수도권까지 방사능 피해에 노출시키는 매우 위험천만한 전략이었다. 결국 미국은 1970년대 중반 이후 대부

분의 단거리 핵무기를 전라북도 군산을 비롯한 후방 기지로 이전시켜야만 했다.[8]

1970년대: 독자 핵무기 개발에 도전

1950년대와 1960년대까지만 해도 한국은 6·25전쟁으로 인한 경제적·사회적 손실과 빈곤을 극복하는 데 많은 어려움을 겪어야 했다. 이러한 시절에 총 6만 3,000여 명 규모의 주한미군으로 대표되는 미국의 안보 공약은 1953년 휴전 이래 한국의 국가 안보에서 절대적인 비중을 차지하고 있었다. 1966년부터는 한국이 미국의 베트남전쟁 수행을 지원하기 위해 육군 2개 사단, 해병대 1개 여단을 포함한 총 4만 7,000여 명의 전투 병력을 파병했다. 이를 계기로 한미 양국 간의 군사동맹 관계는 더욱 강화되었다. 그러나 곧 한국은 미국 안보 공약의 신뢰성을 근본적으로 의심하는 상황에 직면하게 되었다.

1968년 1월 21일, 31명의 북한군 특수전 부대원이 휴전선을 넘어 서울에 침투하는 사태가 발생했다. 이들은 청와대에서 불과 1킬로미터 이내까지 침투하여 한국 군경(軍警) 부대와 총격전을 벌인 끝에 통근 버스를 공격하여 민간인까지 살상하는 만행을 저질렀다. 이러한 북한의 도발에 한국은 강력한 군사 보복을 요구했지만 린든 존슨 대통령을 비롯한 미국 정부는 이를 외면했다. 당시 미국은 베트남전쟁에 골몰하고 있던 이유로 아시아에서 또 다른 전쟁을 감당할 여력이 없었던 것이다. 심지어 미국은 이틀 후인 1월 23일, 북한 인근 해역에서 북한군에 피랍된 해군 정보선 푸에블로호의 승무원들을 송환하기 위해 북한과 직접 협상을 수용하기까지 했다.[9] 이 두 사건은 한국 정부에 큰 충격과 배신감을 안겨주었다.

이듬해인 1969년 1월, 리처드 닉슨 대통령 취임을 계기로 가시화된 미국의 대외 정책 수정도 한국 안보에 심각한 도전을 야기했다. 닉슨은 '베트남전쟁의 명예로운 종식'을 공약하며 당선되었는데 취임 6개월 만인 1969년 7월 "아시아에서 자국 방위의 1차적 책임은 각국 스스로가 져야 한다"는 이른바 '닉슨 독트린(Nixon Doctrine)'을 선언했다. 이를 계기로 미국은 베트남 등 아시아 지역에 대한 병력 규모의 재검토, 감축 조치를 추진했다. 1년 후인 1970년 7월 닉슨 행정부는 주한 미 육군 2개 사단 가운데 하나인 약 2만 명 규모의 제7사단을 철수할 것이라고 일방 통보했다.[10] 이듬해인 1971년 3월 미 육군 제7사단의 철수가 완료되면서 주한미군의 병력 규모는 4만여 명 수준으로 감소했다.[11]

북한의 군사 도발에 대한 미국의 소극적인 태도와 주한 미군의 일방적 감축은, 한국에 큰 충격과 실망을 주었으며 더 나아가 미국의 안보 공약에 대한 불신을 높였다. 미국의 안보 공약이 한국의 필요와는 무관하게 약화 또는 철회될 수도 있다는 것을 명백히 확인시켰기 때문이다. 이제 한국은 자국 방위에 스스로 책임을 더 강화해야 한다는 냉엄한 현실을 깨닫게 되었다. 그 결과 한국은 1970년대 이래 '자주국방(自主國防)'의 기치 아래 적극적으로 독자적인 방위력 증강을 진행했다. 1970년 국방과학연구소의 설립, 국방비의 대폭 증액, '율곡사업'으로 알려진 재래식 군사력의 증강 및 현대화, 그리고 조선·기계·전자 부문을 비롯한 중화학 공업 육성에 바탕을 둔 독자적 방위산업 건설이 대표적인 성과였다.[12]

　그러나 당시의 한국 정부, 특히 박정희 대통령은 이러한 노력만으로는 북한의 군사 위협에 효과적으로 대응하기 어렵다고 우려했다. 인구 및 국력기반 대부분이 집중된 수도권이 휴전선으로부터 불과 40킬로미터 이내에 위치하고 있는 상황에서, 한국이 아무리 재래식 군사력을 확충해도 북한이 기습 침략 했을 때 치명적인 인적·물적 피해의 부담을 벗어날 수 없다는 것이었다.[13] 특히 미국의 안보 공약이 언제든지 일방적으로 약화·철회될 가능성을 고려한다면, 이는 더욱 심각한 문제였다. 이에 따라 박정희 대통령은 미국의 군사적 지원이 없더라도 북한의 침략을 격퇴하고, 더 나아가 침략 의도를 근본적으로 분쇄하는 데 충분한 능력을 제공할 수 있는 군사적 수단이 필요하다고 생각했다. 재래식무기보다 압도적인 파괴·살상 능력을 발휘하는 핵무기는 이를 충족시키기에 가장 확실한 선택이었다.

박정희 대통령이 핵무기 개발을 결심한 것은 주한 미 육군 제7사단이 철수한 1971년인 것으로 알려져 있다. 그해 11월 박정희 대통령은 청와대 내부에서 방위산업 및 중화학공업 육성을 전문적으로 담당하는 '경제 제2수석비서관실'을 신설했고, 당시 상공부(현재 산업통상자원부)에서 재직 중이던 오원철 차관보를 책임자로 임명했다. 이어 박정희 대통령은 오원철에게 "우리도 핵무기를 개발할 수 있는가?"라고 물었는데, 이는 단순한 질문이 아니라 핵무기의 개발 가능성을 검토하라는 지시였다. 오원철은 최형섭 과학기술처 장관, 윤용구 한국원자력연구소(현재의 한국원자력연구원) 소장 등을 만나 핵무기 개발이 가능한지 여부를 문의하고, 이에 관한 기술적인 조사에 착수했다.

뒤이어 청와대 산하 임시로 비밀리에 설치된 '무기개발위원회'에서 핵무기의 개발 가능성과 추진 방안을 종합적으로 검토했다.[14] 이 위원회는 오원철 수석비서관, 최형섭 과학

1970년대 한국의 독자 핵무기 개발을 주도했던 박정희 당시 대통령(왼쪽)과 오원철 청와대 경제 제2수석비서관(오른쪽).

기술처 장관, 유재흥 국방장관, 신응균 국방과학연구소장 등 5명으로 구성되었으며 핵무기의 개발이 가능하다는 보고를 청와대에 전달했다. 이를 바탕으로 박정희 대통령은 '890 계획'으로 명명된 핵무기 개발 계획을 비밀리에 승인했다. 이 계획은 크게 2가지 과제를 중심으로 진행되었다. 먼저 한국 원자력연구소가 핵무기의 원료인 플루토늄, 고농축우라늄 (HEU: Highly Enrihed Uranium) 생산을 위한 핵연료의 제조 및 재처리를 담당했다. 그리고 국방과학연구소는 핵탄두의 설계, 기폭장치, 탑재 및 발사 수단을 개발·제조하기 위한 기

술과 장비를 획득하도록 했다.[15]

이전까지 한국의 원자력 기술 획득은 주로 미국의 지원에 의존했다. 1950년대 말 한국이 처음으로 도입한 원자로도 미국의 제너럴다이내믹스사가 설계·제작한 250킬로와트(kW) 출력의 트리가(TRIGA) 마크2 연구용 원자로였다. 또한 당시 한국은 역시 미국제 경수로를 기반으로, 경상남도 고리에 최초의 원자력발전소 건설을 진행하고 있었다. 그러나 한국은 핵무기 개발 과정에서 미국에 정보가 누설되는 것을 막아야 했기 때문에 관련 기술과 장비 획득을 위해 제3국과의 협력에 주력했다. 이는 핵무기 개발에서 가장 핵심적인 비중을 차지하는 무기급 핵물질(플루토늄과 고농축우라늄)의 생산 부문에서 더욱 두드러졌다.

한국은 1972년부터 캐나다, 프랑스, 벨기에 등과 협상을 실시했다. 먼저 캐나다와는 플루토늄 생산에 필요한 '사용후핵연료'를 생성할 수 있는 캐나다형 중수로(이하 CANDU: CANada Deuterium Uranium), 30메가와트(MW) 출력의 NRX(National Research eXperimental) 연구용 원자로의 도입을 진행했다. 프랑스에서는 핵연료 재처리 기술과 시설의 구매를 위해 세르카(CERCA), 생고뱅(Saint-Gobain)사와 접촉했다. 그리고 벨기에로부터는 핵연료의 가공과 재처리를 위한 연구 설비 도입을 추진했다.

1973년 말에는 국방과학연구소가 박정희 대통령에게 핵무기 개발을 위한 장기 비밀 계획을 제출했다. 이에 따르면 핵무기 독자 개발에는 6~10년의 시간, 15~20억 달러의 예산이 소요되는 것으로 나타났다. 핵무기 유형은 제2차 세계대전에서 미국이 일본 나가사키에 투하했던 것과 동급인 20킬로톤(KT) 위력의 플루토늄 기반으로 계획되었다.[16] 핵무기의 탑재·발사 수단은 본래 항공기가 제시되었지만 북한의 공중 요격을 제압할 수 있도록 이후 지대지미사일로 변경되었다.

한국은 1970년대 초반을 기준으로 이미 핵무기의 설계·제조에 필요한 주요 기술과 장비, 물질 대부분을 입수하려는 시도를 했던 것으로 나타난다. 그뿐만 아니라 1974년에는 프랑스의 기술 지원을 통해 매년 20킬로그램의 플루토늄을 생산할 수 있는 사용후핵연료 재처리 시설 설계까지 완료한 상태였다. 이는 매년 2개의 핵무기를 생산할 수 있는 능력을 제공할 수 있었다. 해당 설계도는 당시 한국원자력연구소 기술 실무진으로 참여했던 김철 아주대학교 명예교수가 2004년 언론에 공개했다.[17] 그리고 1975년에는 핵탄두의 설계까지 마무리 단계에 있었던 것으로 전해진다.

그러나 한국의 독자적인 핵무기 개발은 끝내 미국에 노출되고 말았다. 미국은 1974년 5월 인도가 세계 6번째로 핵

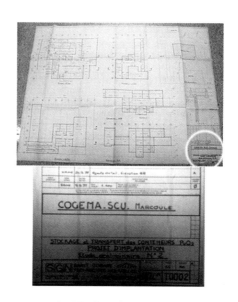

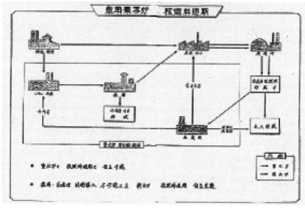

김철 아주대학교 명예교수가 공개한 1970년대 핵무기 생산용 재처리 시설 설계도면.

실험을 실시한 것에 경악했으며, 국무성과 중앙정보국(CIA)을 중심으로 핵무기 개발을 시도할 가능성이 있는 국가들의 능력과 의도를 파악하는 데 주력했다. 얼마 후 미국은 한국이 핵무기 개발에 필요한 기술과 장비를 확보하려는 움직임이 있음을 깨달았다. 수개월이 지난 1975년 초에는 주한 미국대사관의 비밀 전문(電文)들을 비롯한 다수의 분석·평가를 근거로 한국이 핵무기 개발을 위한 초기 단계를 진행하고 있으며, 10년 내에 핵무기를 확보할 수 있을 것이라는 결론에 도달했다. 미국은 한국의 핵무장이 북한, 일본을 포함한 아시아 지역 전반에 걸친 핵무기 확산으로 이어져 지역 안보 질서 및 자신들의 외교적·군사적 영향력을 위협할 것이라고 우려했다.

이에 미국은 1975년부터 한국의 핵무기 개발을 중단시키기 위한 압력을 본격화했다. 먼저 미국은 캐나다, 프랑스 등에 한국이 도입하려는 핵무기 개발 관련 장비의 제공을 취소할 것을 요구했다. 그 결과 캐나다는 NRX 연구용 원자로를 한국에 제공하지 않겠다고 밝혔다. 해당 원자로가 1년 전 인도의 핵실험에서 사용된 플루토늄을 생산하는 데 쓰였던 것이 결정적 이유였다. 동시에 미국은 한국이 1968년에 서명했던 '핵확산금지조약(이하 NPT: Nuclear non-Proliferation Treaty)'의 비준을 촉구했다. 한국은 그해 4월 NPT를 비준했지만 그것으로 핵무기 개발을 완전히 포기한 것은 아니었다.

2개월 후인 1975년 6월 12일, 박정희 대통령은 미국의 유력 신문 「워싱턴 포스트(Washington Post)」와 인터뷰를 가졌다. 여기서 박정희 대통령은 "우리도 (핵무장을 위한) 능력을 갖추고 있지만, 핵무기를 개발하지는 않고 있으며 NPT를 준수하고 있다. 만약 미국의 핵우산이 제거된다면, 우리는 스스로를 지키기 위해 핵무기 개발에 착수하지 않을 수 없다"라고 밝혔다. 이는 한국 정부가 핵무기의 개발 능력과 가능성을 공개적으로 인정한 최초의 사례였다. 2주일 후인 6월 27일에는 최형섭 과학기술처 장관도 영자(英字) 신문 『코리아 타임스(The Korea Times)』와 가진 인터뷰에서 "우리는 일정 기간 이내에 핵무기를 개발할 수 있는 능력을 보유하고 있다"라고 말해 박정희 대통령의 발언을 뒷받침했다.

당초 미국은 한국의 핵무장을 중단시키기 위해 고리 원자력발전소 건설에 대한 기술적·재정적 지원의 중단 등, 경제 부문에 국한된 압력만을 가했다. 그러나 핵무장에 관한 박정희 대통령의 확고한 의지가 드러나자 1975년 말부터는 정치·외교 부문으로 압력을 확대했다. 리처드 스나이더 주한 미국 대사, 필립 하비브 국무성 차관보를 통해 "핵무기 개발을 고수할 경우, 한미 양국 간 안보 관계를 전면 재검토할 것"이라고까지 위협한 것이었다.[18] 이는 핵우산의 철회뿐만 아니라 주한미군의 완전 철수 가능성도 포함하는 내용이었다.

결국 한국은 1976년에 핵무기 개발을 위한 주요 계획들을 중단하기로 결정했다. 미국이 기존의 안보 공약을 유지할 것임을 확약하는 가운데 핵무기 개발에 사용될 수 있는 외국의 기술과 장비 도입을 취소한 것이다. 유일한 예외는 캐나다가 한국의 NPT 비준을 조건으로 제공한 CANDU 중수로였다. 하지만 얼마 안 되어 한국은 독자적인 핵무기 개발을 재개해야 할 상황에 직면하게 되었다.

1977년 1월 지미 카터가 미국의 제37대 대통령으로 취임했다. 카터는 선거운동 기간 내내 "한국에 배치된 주한 미 육군과 핵무기를 전면 철수하겠다"고 공언했는데, 취임하자마자 이를 실천에 옮기려 했다. 이는 도덕과 인권을 강조하는 자신의 대외 정책 노선을 반영한 것이다. 박정희 대통령이 '유신(維新) 체제'라는 이름으로 1970년대 한국 민주주의를 탄압한 것에 대한 1인 철권통치를 '징벌'하겠다는 의도였다. 아울러 1970년대 이래 미국이 중국과 관계를 개선·발전시키면서 미중 양국 간 군사 대결 위험성이 줄어들었으니 한반도에서 핵무기 배치가 갖는 군사상 효용성이 약화되었다는 평가를 반영한 것이기도 했다.[19]

주한미군의 완전 철수 가능성이 가시화되자 한국은 핵무기 개발 계획을 재개하기로 결정했다. 그러나 이미 핵무기 개발을 놓고 미국과 공개적인 외교 대립을 경험한 후였기 때문에 핵무기 개발 의도를 노골적으로 드러낼 수는 없는 상황이었다. 이에 따라 한국은 원자력산업의 육성·발전을 명분으로 내세워 핵무기 개발에 사용될 수 있는 유·무형 기술력을 간접적으로 확보하는 '우회적인 핵무기 개발'을 선택했다.[20] 특히 한국은 플루토늄 생산을 위한 연구용 원자로 및 핵연료 재처리 시설의 자체 건설에 쓰일 수 있는 장비와 기술 확보에 주력했는데, 이는 해당 부문에서 더 이상 외국의 지원을 기대할 수 없었기 때문이다.

먼저 1976년 12월 '한국핵연료개발공단'을 설립하여 우라늄의 정련 및 전환, 핵연료 가공, 방사성폐기물 처리, 조사(照射) 후 시험 등을 위한 시설과 기술 확보를 추진했다. 이 과정에서 핵연료 재처리는 '화학 처리 대체' 또는 '핵연료 국산화'라는 명칭으로 바뀌었다. 연구용 원자로의 독자 개발은 '열(熱) 중성자 시험 시설' '기기 장치 개발' 등의 명칭 아래 진행되었다.[21] 이를 통해 한국은 당장 핵무기를 손에 넣지는 못하더라도, 필요할 경우 단기간 내에 핵무기를 생산할 수 있는 '핵무기 개발 직전 단계'까지 기술력을 확보하려 했던 것이다.[22] 이는 일본과 이스라엘의 사례처럼, 핵무기를 개발·생산할 수 있는 능력을 보유한 것만으로도 핵무기를 보유한 것과 비슷한 정치적·외교적 효과를 발휘할 수 있다는 기대를 반영했다.

흥미로운 사실은 당시 한국 내부에서 처음으로 핵무장을 지지, 요구하는 주장이 학계와 정치권에서 활발히 제기 및 논의되고 있었다는 점이다.[23] 이는 주로 카터 행정부가 추진했던, 주한미군과 미군 핵무기의 전면 철수 가능성에 대비해야 할 필요성에 따른 것이었다. 1977년에는 샤를 드골 대통령 시절 프랑스의 핵무장을 주도하고 독자적인 핵전략 수립에도 기여했던, 피에르 갈루아 예비역 공군 소장이 한국을 방문하여 '핵무기의 의미'라는 주제로 특별강연을 갖기도 했다.

1978년 9월 26일에는 한국 최초의 독자 개발 탄도미사일 '백곰'이 시험 발사에 성공했다. 1972년 핵무기 개발 계획과 거의 동시에 '항공공업 육성 계획 수립'이라는 명칭으로 개발에 착수한 지 6년 만에 거둔 성과였다. 이로써 한국은 지대지미사일을 자체적으로 개발해낸 세계 7번째 국가가 되었다. 사거리는 180킬로미터로 휴전선 전방에서 평양까지 도달 가능했다. 백곰의 개발 성공은 한국이 북한에 대한 독자적인 전략 타격 능력뿐만 아니라, 핵무기의 유력한 탑재·발사 수단까지 확보할 수 있게 되었음을 뜻했다. 또한 그해 10월에는 한국핵연료개발공단의 핵연료 가공 시설이 준공되었고, 플루토늄 생산능력을 갖춘 연구용 원자로의 세부 설계도 이듬해인 1979년까지 마무리된 상태였다.[24] 당시 연구

1977년 한국핵연료개발공단의 설립(왼쪽)과 1978년 '백곰' 탄도미사일의 시험 발사(오른쪽). 카터 행정부의 주한미군 철수 계획에 따른 핵무기 독자 개발 계획 재개의 일환이었다.

에 참가했던 당사자들은 "1985년까지는 플루토늄을 생산할 수 있었을 것"이라고 증언한다.

하지만 1979년 10월 26일 박정희 대통령이 피살당하면서 한국의 핵무기 개발 계획은 결정적인 타격을 입고 말았다. 새로이 권력을 장악한 전두환 등 신군부 세력은 12·12군사반란, 5·18민주화운동에 대한 유혈 진압 등으로 정통성을 갖지 못한 상태였고, 이를 만회하기 위해 미국의 외교적 지지에 전적으로 의존했다. 그 결과 신군부 세력은 핵무기, 지대지미사일 등 전략무기 개발을 중단하라는 미국의 압력에 굴복하고 말았다.[25] 관련 연구 개발 사업들이 백지화, 축소되었음은 물론이고 주요 연구 인력들도 해고되었다. 심지어 한국원자력연구소의 명칭도 원자력을 뺀 '한국에너지연구소'로 바뀌어야 했다.[26] 정권 찬탈을 위해 무고한 국민을 학살한 것도 모자라서 독자적 방위 능력의 발전까지 포기한 용서받지 못할 반(半)매국노적인 만행을 저지른 것이었다!

외견상으로 드러난 결과만으로 평가한다면 1970년대 한국의 독자적인 핵무기 개발 계획은 실질적인 성과를 거두는 데 한계를 나타냈다. 플루토늄이나 고농축우라늄을 비롯한 무기급 핵물질을 생산하거나 이에 필요한 기술적인 기반(원자로, 핵연료 재처리 시설)을 건설하지 못한 채 중단되었기 때문이다. 실제로 확보한 것이라고는 자체적으로 진행한 핵탄두와 관련 시설들의 설계도, 그리고 단거리 탄도미사일과 같은 초보적인 핵무기 탑재·발사 수단뿐이었다.

그럼에도 불구하고 1970년대 한국이 추구했던 핵무기 자체 개발 계획은 한국의 국가 안보에서 2가지 측면으로 큰 의미를 갖는다. 첫째, 닉슨·카터 행정부의 미국이 일방적으로 안보 공약을 축소·철수하려는 움직임에 맞서 방위력 공백을 보완·극복하는 데 유력한 수단 역할을 해냈다. 둘째, 한국은 미국과의 군사동맹 외에도 국가 안보를 위한 자주적인 전략 대안 마련이 필수적이라는 선례를 남겼다.

1990~2000년대: 비핵화로 정책 전환

1970년대 말 주한미군을 완전히 철수시키려고 했던 카터 행정부의 시도는 보기 좋게 실패했다. 그러나 카터의 대통령 재임 기간 동안 주한미군이 보유하고 있던 단거리 핵무기 규모는 눈에 띄게 줄어들었다. 1983년 기준으로 주한미군의 단거리 핵무기 보유 수량은 총 249개였는데, 이는 카터의 취임 이전보다 60퍼센트 이상 감소한 것이었다. 특히 그동안 주한미군에 배치되었던 핵탄두 장착용 지대지미사일은 모두 철수·폐기되었다. 2년 후인 1985년에는 주한미군 소속 단거리 핵무기가 151개로 더욱 축소되었다.

그러나 한편으로 미국은 유사시 한반도에서 핵무기를 사용할 수 있는 군사적 능력과 의지를 지속적으로 과시했다. 1980년대를 통틀어 매년 실시되었던 '팀스피릿(Team Spirit)' 한미 연합 군사훈련에 B-52 '스트래토포트리스' 장거리 전략폭격기 같은 핵무기 탑재·발사 수단을 동원했던 것도 그 연장선상에 있었다. 당시 미국은 '공지 전투(air-land battle)'로 명명된 군사작전 계획에 의거하여 유사시 주한미군의 단거리 핵무기를 한반도에서 사용한다는 방침을 세웠다. 구체적으로는 휴전선 전방에서 핵포탄(核砲彈)을 발사하여 북한군의 진격을 저지하고, 항공기 투하용 핵무기는 비행장 등 북한 영토 후방의 군사 표적을 무력화하는 데 사용할 계획이었던 것이다.

1980년대 들어서 주한미군의 핵무기 보유는 강도 높은 비판을 받게 되었다. 핵무기의 존재는 한국 사회에서 학생운동 단체를 중심으로 반미(反美) 감정의 고조·악화를 부추기는 원인이 되었다. 이뿐만 아니라 1987년에는 루이스 메네트리 당시 주한미군 사령관도 "한반도에서 핵무기 사용이 요구되는 군사적 상황은 존재하지 않는다"라고 말했다. 주한미군 사령관조차 자신들이 보유한 핵무기의 군사적 효용성을 부정할 정도로, 한국에서 미군 핵무기는 계륵 같은 존재가 되었던 것이다.

1990년대 초부터 가시화된 북한의 핵무기 개발 계획도 주한미군의 핵무기 보유·배치에 대한 정치적·군사적 효용성을 재고하는 계기로 작용했다. 1989년과 1990년 미국, 프랑스의 위성을 통해 촬영된 평안북도 영변 지역 사진은 플루토늄 생산능력을 갖춘 5메가와트 흑연감속형 원자로, 핵연료 재처리를 위한 방사화학 실험실, 핵탄두의 성능 향상을 위한 고폭(high explosive) 실험장 등을 포함하고 있었다. 이는 핵무기 개발을 위해 건설·운영되고 있다는 의심을 받기에 충분했다. 국제사회는 북한에 국제원자력기구(이하 IAEA)의 사찰을 수용할 것을 요구했지만, 북한은 주한미군의 핵무기 보유를 구실로 내세우며 거부했다. 주한미군의 핵무기 배치가 지속될 경우 북한에 핵무기 개발 명분을 제공할 수 있음이 드러난 것이었다.

이 무렵 주한미군이 보유한 단거리 핵무기는 약 100개에 달했는데 대포와 항공기를 이용해 탑재·발사하는 2종류만으로 한정되어 있었다. 1990년 10월 도널드 그레그 주한 미국대사는 로버트 리스카시 주한미군 사령관과 나눈 논의를 기초로 북한의 핵시설 사찰 수용을 유도하기 위해 주한미군의 핵무기를 완전 철수하는 편이 바람직하다고 미국 정부에 보고했다. 이듬해인 1991년 8월, 모스크바에서 벌어진 쿠데타가 실패하면서 소련의 해체, 더 나아가 냉전의 완전한 종식이 현실화되었다. 이에 조지 허버트 부시 미국 대통령은 1개월 만인 9월 27일 해외 기지에 배치된 모든 지상 및 해상 배치형 단거리 핵무기를 자발적으로 철수·해체할 것이라고 선언했다.

같은 해 11월 8일에는 한국의 노태우 대통령이 「한반도 비핵화와 평화 구축에 관한 선언」(이하 「한반도 비핵화 선언」)을 발표했다. 여기서 노태우 대통령은 "핵에너지를 평화적 목적을 위해서만 사용하며 핵무기를 제조, 보유, 저장, 배치, 사용하지 않는다"라고 천명했다. 2개월 전 미국이 선언한 '전 세계적인 단거리 핵무기의 철수·해체'에 따른 주한미군 핵

1992년 「한반도의 비핵화에 관한 공동 선언」에 서명하는 노태우 당시 대통령(위)과 서명 내용(아래).

무기의 철수 현실화를 반영하고 북한이 국제사회의 핵사찰 요구를 거부하려는 더 이상의 명분을 없애기 위한 결단이었다. 그리고 다시 1개월 후인 12월 18일 노태우 대통령은 "내가 여러분께 말씀드리는 이 시각, 우리나라의 어디에도, 단하나의 핵무기도 존재하지 않습니다"라고 밝히는 「핵무기 부재(不在) 선언」을 발표하여 주한미군의 핵무기 철수가 완료되었음을 확인했다.[27] 이로써 한국은 33년 동안 계속되었던 미군 핵무기의 배치를 마감하고, 공식적으로 비핵화의 길을 선택하게 된 것이다.

「한반도 비핵화 선언」의 채택을 시작으로 한국은 북한의 핵무장 시도를 평화적으로 중단·해소하기 위한 외교적인 노력에 힘을 기울였다. 먼저 해를 넘긴 1992년 1월 20일 한국은 북한과 함께 「한반도의 비핵화에 관한 공동 선언」에 합의했다. 이에 따라 남북한은 모두 '핵무기의 시험, 제조, 생산, 접수, 보유, 저장, 배치, 그리고 사용의 금지'를 준수하도록 요구받았다. 그동안 거부되었던 북한 영변 핵시설에 대한 IAEA의 사찰도 수용되었다. 그러나 북한은 불과 1년 만인 1993년 3월에 NPT 탈퇴를 선언하여 한국과 국제사회의 기대에 정면으로 도전했다.

1994년에는 상황이 더욱 악화되었다. 그해 3월 북한은 남북한 회담에서 '서울 불바다' 망언을 일삼았고, 5월에는 영변 원자로에서 핵연료봉 교체, 인출을 강행하여 플루토늄을 추가 생산하려는 의도를 드러냈다. 이에 빌 클린턴 대통령을 비롯한 미국 정부는 5~6월 사이에, 북한의 계속되는 정치적·군사적 도발에 대한 군사적 대응 방안을 심각하게 고민·검토했다. 당시 미국이 검토했던 대안 가운데는 북한 영변 핵시설에 대한 정밀 공습까지 포함되어 있었다. 다행히 6월 18일 북한을 개인 자격으로 방문 중이던 카터 전 미국 대통령이 김일성에게 미국과 협상 재개를 수용하도록 설득했다. 일촉즉발까지 몰렸던 한반도 군사 위기는 가까스로 모면했다.

4개월 후인 10월 21일, 미국과 북한 양측은 스위스 제네바에서 핵 문제에 관한 양자 합의에 도달했다. 이른바 '제네바 기본합의(Geneva Agreed Framework)'라고 불리는 당시 합의에 따라 북한은 영변 핵시설의 가동을 중단하고 NPT에 잔류하게 되었다. 그 대가로 미국은 매년 50만 톤의 중유(重油)를 대체 에너지로 북한에 제공하고 기술적으로 무기급 핵물질 생산 우려가 낮은 경수로를 북한에서 건설하기로 했다. 본래 한국의 역할은 '미국의 주도로 제공될 경수로' 건설을 위해 총 40~50억 달러의 사업비 대부분인 70퍼센트를 부담하는 것으로 한정되었지만, 한국은 북한에 건설할 경수로를 직접 제작하겠다고 나섰다. 북한의 비핵화와 직결되는 핵심 사업에서 중심 역할을 수행해야 할 뚜렷한 명분이 있었기 때문이다. 한국이 향후 한반도 정세 변화 과정에서 소외됨이 없이 충분한 정치적·외교적 발언권을 보장받기 위한 것이었다.

북한에 건설될 경수로의 종류를 결정하기 위한 협상은

1997년부터 한국이 북한에 건설했던 경수로 공사 현장. 2002년 이후 중단되었다.

1995년 3월부터 5월까지 계속되었다. 그리하여 북한의 거듭된 반대를 극복한 끝에, 한국이 설계·제작하는 1,000메가와트 표준형 경수로 2개를 '미국의 설계를 기반으로 개량·개발하여, 현재 생산하고 있는 경수로'라는 기묘한 명칭으로 북한에 건설하는 방안이 확정되었다.[28] 이 경수로를 북한에 건설·제공하기 위해 한국과 미국, 일본이 참여·설립한 '한반도에너지개발기구(KEDO)'가 경수로 건설을 담당할 주계약 업체로 한국전력(KEPCO)을 선정했다. 드디어 1997년 8월 함경남도 신포에서 경수로 부지 건설이 시작되었다. 그러나 북한 경수로 건설은 5년 후인 2002년 10월, 북한이 우라늄 농축을 이용한 핵무기 개발을 시도하고 있음이 밝혀지면서 중단되고 말았다.

미국이 '제네바 기본합의'에 의거한 경수로 건설과 중유 제공을 중단하자 북한은 2002년 12월 영변 핵시설의 가동을 재개했고, 1개월 후인 2003년 1월에는 다시 NPT에서 탈퇴했다. 한반도는 9년 만에 다시 심각한 정치적·군사적 위기 상황으로 빠져들었다. 북한의 비핵화를 위한 국제사회의 외교적 노력은 그로부터 7개월 후인 2003년 8월, 중국 베이징에서 첫 6자회담이 열리면서 비로소 재개될 수 있었다. 지난 1990년대의 '제네바기본합의'가 미국과 북한 양측에만 국한되었던 반면, 이번에는 한국도 미국, 중국, 러시아, 일본, 북한과 함께 떳떳한 당사국의 일원으로 참가했다.

6자회담 개최 이후에도 북한은 2005년 2월 핵보유 공개 선언, 2006년 10월 9일 첫 핵실험을 비롯한 도발을 일삼으며 한국과 국제사회의 규탄을 받았다. 이러한 어려움 속에서 6자회담은 북한의 비핵화, 한반도의 평화 구현을 위해 중요한 2가지 공동성명을 도출하는 성과를 거두었다. 먼저 2005년 9월 '9·19공동성명'은 북한이 핵무기와 핵무장 관련 계획을 포기하고, 한국과 미국 등 나머지 5개 당사국은 '한반도에서 영구적인 평화 체제'를 위한 별도의 협상을 추구하기로 규정했다. 그리고 2007년 2월 '2·13합의'는 9·19공동성명의 이행을 위한 구체적 조치로서 북한 영변 핵시설의 폐쇄·불능화 조치를 실시하고, 북한이 진행했던 기존의 핵무기 관련 계획에 대해서도 신고하도록 명시했다.

2007년 2월의 '2·13합의' 직후 6자회담 대표들의 모습.

현재(2010년대): 공론화된 '핵무장론'

북한의 비핵화를 위한 한국과 국제사회의 노력은 2009년에 또다시 물거품으로 돌아갔다. 그해 4월 5일 북한은 사거리 수천~1만 킬로미터급 대륙간탄도미사일(이하 ICBM: Inter-Continental Ballistic Missile)로 전용될 수 있는 장거리 로켓 발사를 강행했고, UN 안전보장이사회는 이를 규탄하는 의장성명을 채택했다. 그러자 북한은 6자회담 불참을 선언하고 핵 관련 활동도 전면 재개했다. 이후 지금까지 북한은 국제적인 비확산 질서의 제약을 전혀 받지 않으면서 무분별하게 핵무장을 추구하고 있는 실정이다.

오늘날 북한의 핵무장 능력은 양적·질적으로 모두 증대되는 중이다. 과거 북한은 5메가와트 흑연감속로에서 매년 핵무기 1~2개 정도의 플루토늄만 생산할 수 있었다. 그러나 2010년에는 북한이 미국의 핵물리학자들에게 1,000~2,000개의 원심분리기가 포함된 대규모 우라늄 농축 시설을 공개해 세계를 충격에 빠뜨렸다. 이는 북한이 해마다 핵무기 1~2개에 해당하는 고농축우라늄 40킬로그램을 생산할 수 있는 능력을 확인시켜주었기 때문이다. 2015년부터는 영변 핵시설에 대한 위성사진 분석을 근거로 북한이 우라늄 농축 시설을 2배로 확장·가동하기 시작한 것으로 평가한다.

이 경우 북한의 고농축우라늄 생산능력은 연간 80킬로그램, 즉 핵무기 3~5개로 늘어난다.

그동안 국내외 주요 연구기관들은 북한의 핵무기 생산과 보유 규모를 '플루토늄에 국한된 10개 이하'로 평가해왔지만, 오늘날에는 '고농축우라늄까지 포함하는 10~20개 이상'으로 상향 조정하는 추세다. 통일연구원은 2016년 기준으로 북한이 생산한 무기급 핵물질의 규모는 최소 8개, 최대 73개의 핵무기를 제조할 정도에 달하는 것으로 평가했다. 그뿐만 아니라 2020년까지는 북한의 플루토늄, 고농축우라늄 생산량이 최소 14개, 최대 134개의 핵무기에 해당하는 규모까지 증가할 것이라는 전망을 내놓았다.[29] 이러한 평가는 북한이 영변 핵시설 이외의 지역에서도 우라늄 농축 시설을 비밀리에 설치·운영함으로써 무기급 핵물질 생산능력을 급속히 높일 수 있다는 가능성을 반영한 것이다.

더욱 큰 문제는 북한 핵무장 능력의 질적 수준이 계속 강화되고 있다는 사실이다. 가장 최근인 2017년 9월 3일에 실시한 북한의 6번째 핵실험은 진도 5.7~6 이상의 인공지진을 발생시켰다. 이는 적어도 50~70킬로톤, 많게는 100킬로톤을 상회하는 폭발력에 해당한다. 이보다 앞선 2016년 9월 9일 5차 핵실험에서 약 10~20킬로톤의 폭발력을 발생시켰던 것과 비교하면 불과 1년 만에 5배가량 성능 향상을 달성한 셈이다. 무엇보다 북한은 가장 기본적인 핵무기로 알려진 제2차 세계대전 당시 미국의 히로시마, 나가사키 투하형 폭탄을 월등히 넘어서는 위력을 입증했다.[30]

이러한 폭발력 향상은 북한이 핵무기를 개발하는 데 사용되는 무기급 핵물질 양을 절약하거나 더 적은 무게와 작은 크기의 핵무기를 만드는 데 필요한 기술력을 제공할 수 있다. 다시 말해 북한은 다양한 탑재 및 발사 수단 특히 탄도미사일을 이용해 핵무기가 실전에서 운용될 수 있는 기술적인 가능성을 더욱 높일 것이다.[31] 요컨대 북한의 핵무장 위협은 그 어느 때보다 현실적인 군사적 위험이라고 할 수 있다.

이처럼 6자회담을 비롯한 외교적 노력의 중단 및 북한 핵무장 능력의 양적·질적 강화 추세가 지속되면서 한국 내부에서는 '평화적 수단에 의한 한반도의 비핵화'는 결국 불가능한 것 아니냐는 비관적인 전망이 팽배해지고 있다. 동시에 한국은 6자회담이 중단된 2009년 4월 이후 수년 동안 북한의 군사 도발 강도 및 빈도가 점차 증대되고 있다는 사실에도 주목했다. 이 기간 동안 북한은 5차례 핵실험, 2차례 ICBM급 장거리 로켓 발사, 4차례에 걸친 전방 지역 군사 도발(2010년 천안함 피격 사건과 연평도 포격전, 2015년 휴전선 지뢰 매설 사건과 서부전선 포격), 그리고 60발이 넘는 각종 탄도미사일의 시험 발사 등을 자행했다.[32] 이는 북한이 자신들의 핵무장 능력 강화가 제공하는 정치적·군사적 효과를 과신한 행태라고 볼 수밖에 없다. 한국과 국제사회가 핵무기로 무장한 자신들을 감히 건드리지 못할 것이라는 판단 아래 이전보다 더욱 일방적·도발적인 행태를 취하고 있다는 해석을 낳기에 충분한 대목이다.[33] 이른바 '핵 그림자(nuclear shadow)' 현상이 한반도에서 현실화되고 있는 것이다.

미국은 1978년에 개최된 제11차 연례 한미 안보협의회의 (SCM: Security Consultative Meeting)에서 처음 한국에 핵우산 제공을 공개적으로 약속했으며, 이후 매년 SCM을 비롯한 양국 국방 당국 간 회동에서 이를 재확인해왔다. 이는 외부 세력이 한국을 핵무기로 위협하는 것을 예방·저지하기 위해 세계 최고 수준의 핵무장 능력을 보유한 미국이 한국 대신 압도적인 핵 보복을 수행할 책임을 지겠다는 의미였다. 특히 1991년 「한반도 비핵화 선언」으로 미군 핵무기를 한국 영토에서 모두 철수한 이후 미국의 핵우산 공약은 한국이 외부 핵무장 위협에 맞설 수 있는 유일한 대안이었다.

하지만 최근 수년 동안 북한이 핵무장 능력의 양적·질적 성장을 기반으로 한국과 국제사회에 대한 정치적·군사적 도발을 지속하고 강도를 높이자, 한국 내부에서는 미국의 핵우산 공약만으로는 더 이상 북한의 군사 위협을 억지·격퇴할 수 없다는 위기감이 크게 높아졌다. 이는 북한의 5차 핵실험

북한의 5차 핵실험 직후인 2016년 9월 13일, 한반도 상공으로 출격한 미 공군의 B-1 전략폭격기. 북한의 핵무장 위협이 심화되면서, 한국 내부에서는 미국의 핵우산 공약에 대한 불신, 회의가 커지고 있다.

강행으로부터 4일 후인 2016년 9월 13일, 미 공군의 B-1 '랜서' 장거리 전략폭격기가 한반도 상공으로 긴급 출격한 사례에서도 드러났다. 당시 비행은 한국을 위한 안보 공약, 특히 핵우산의 실행 능력과 의지를 과시하려는 미국의 의도를 반영한 것이었지만 정작 한국 내부에서는 '뒤늦은 일회성 무력시위'에 불과하다는 비판이 제기되었다. 게다가 이마저 폭격기가 배치된 괌 현지의 기상 악화로 당초 계획보다 하루 늦게 실시되었다.[34] 때문에 오히려 한국 내부에서는 미국의 핵우산 공약에 대한 불신을 확인시켰다는 지적을 받았다.

북한이 미국 영토를 핵무기로 공격할 수 있는 ICBM 개발을 진행하고 있다는 점도 미국의 핵우산 공약에 관한 신뢰를 위협·약화시킬 위험성을 갖는다. 북한은 2017년 7월 4일에 신형 장거리 탄도미사일 '화성-14형'의 첫 시험 발사를 성공적으로 실시한 후, 이를 '대륙간탄도로케트'(ICBM의 북한식 명칭)로 선언하면서 "핵 무력 완성을 위한 최종 관문을 통과했다"라고 주장했다. 이후 북한은 7월 28일에 화성-14형의 시험 발사를 다시 실시했을 뿐만 아니라 11월 29일에는 보다 대형화된 개량형 탄도미사일 '화성-15형'을 시험 발사했다. 이를 통해 북한의 ICBM급 탄도미사일은 한층 더 늘어난 비행시간 및 거리를 과시하여 한국과 국제사회를 놀라게 했다.[35] 북한이 이론상으로 미국 영토에 대한 핵무기 공격 능력을 확보했다는 평가가 가능해졌기 때문이다.

그뿐만 아니라 북한은 6차 핵실험으로부터 12일 후인 9월 15일, 중거리 탄도미사일(IRBM: Intermediate Range Ballistic Missile) '화성-12형'을 일본 상공 너머 북태평양으로 시험 발사했는데, 비행거리가 3,700킬로미터에 달했다. 이는 북한이 발사한 탄도미사일 가운데 가장 먼 비행거리로, 한반도 유사시 핵우산 제공을 담당할 무기들(장거리 폭격기 등)이 다수 배치된 서태평양의 괌에 위치한 미군 기지까지 공격할 수 있는 수준이다. 다시 말해 미국의 핵우산 제공 능력이 북한의 직접적인 공격 위협에 노출된 것이다. 그 결과 한국 내부에서는 만약 북한이 ICBM 등으로 미국에 직접 핵무기를 발사할 수 있게 된다면, 미국은 '서울을 지키기 위해 뉴욕을 희생시켜야 하는가?'라는 고민에 직면할 것이며 결국 한국에 대한 핵우산 공약 실행을 포기할 것이라는 우려가 높아지고 있다.

이러한 주장들은 한국 영토 밖에 배치된 미군의 핵전력에 의존하는 핵우산 공약만으로는 결코 핵무기로 무장한 북한의 군사 위협으로부터 한국의 안전을 보장할 수 없다는 한국 내부의 안보 불안 심리를 그대로 반영한다. 다시 말해 2000년대 후반부터 계속되고 있는 북한의 정치적·군사적 도발의 증가·심화 현상은 미국의 핵우산이 한반도의 평화와 안전을 지키는 데 실패한 '찢어진 우산'에 불과할 뿐임을 보여주는 증거라는 것이다. 그 결과 한국 내부에서는 북한의 핵 위협에 맞서 효과적인 억지·방어 능력을 제공할 수 있는 더욱 근본적이고 획기적인 군사적 대안이 필요하다는 주장이 한층 힘을 얻게 되었다. 이는 오늘날 한국에서 핵무장에 대한 지지가 전례 없이 상승하고 공론화되는 배경으로 작용하고 있다.

이러한 추세는 최근 1년여 동안의 여론조사 결과에서도 나타난다. 여론조사 전문 기관인 갤럽 코리아가 국내 약 1,000명을 대상으로 실시한 조사에 따르면, 북한의 4차 핵실험 직후인 2016년 1월 중순에 핵무장에 찬성하는 응답이

54퍼센트, 반대하는 응답은 38퍼센트였다. 또한 북한의 5차 핵실험 직후인 같은 해 9월 하순에는 핵무장을 지지하는 응답이 58퍼센트로 8개월 전보다 4퍼센트 상승한 반면, 반대 응답은 4퍼센트 하락한 34퍼센트로 나타났다. 그리고 북한이 6차 핵실험을 강행한 직후인 2017년 9월 초순의 여론조사에서는 응답자의 60퍼센트가 핵무장에 찬성했고, 35퍼센트가 반대한다고 응답했다.[36] 이는 북한의 핵무장 위협이 심화, 지속되면서 일반 국민들 사이에서도 핵무장에 대한 거부감이 크게 낮아지고 있음을 보여준다.

더욱 주목되는 현상은 그동안 핵무장을 금기시해왔던 한국 내부의 '여론 주도층', 즉 유력 언론과 학자, 정치인 사이에서 핵무장의 공개적인 언급과 지지를 더 이상 주저하지 않을 정도로 공론화되고 있다는 사실이다. 한국의 대표적인 보수 성향 신문 「조선일보」는 이미 수년 전부터 김대중 주필위원을 중심으로 핵무장을 공개적으로 찬성·요구했다. 북한의 5차 핵실험 직후인 2016년 9월에는 핵 문제를 전문적으로 연구해온 10여 명의 정치학자들이 한국의 독자 핵무장 방안을 연구·모색하는 '우리핵연구회'를 발족시키기에 이르렀다.

이보다 앞선 2016년 7월에는 대통령 직속 민주평화통일자문회의가 공개 출간된 정책 건의서에서 "한국 영토에 미

한국의 핵무장을 주장하는 유력 언론의 논설 및 보도(위)와 국회의원들의 모임(아래). 이제 핵무장은 한국 내부 여론 주도층 사이에서도 공론화되고 있다.

군 핵무기의 재배치, 첨단 전략자산 상주 등을 모색해야 한다"는 내용을 포함시킨 바 있었다.[37] 8월에는 핵무장을 찬성·지지하는 국회의원 20여 명으로 구성된 '북핵 문제 해결을 위한 의원 모임'(일명 '핵포럼')이 출범했다. 포럼을 주도하는 원유철 의원은 5선 국회의원으로 국회 국방위원장을 역임하기도 한 한국 정치권의 대표적인 핵무장론자다. 원 의원은 북한의 6차 핵실험 직후인 2017년 9월 4일에 열린 핵포럼 주최 세미나에서도 "한반도의 평화를 지키고 전쟁을 막기 위해 자위권 차원의 핵무장을 선언해야 한다"라고 주장했다.

2017년 5월의 제19대 대통령 선거에서는 주요 후보들 가운데서 핵무장을 공개적으로 지지하는 사례가 나타났다. 총 득표 2위를 차지한 홍준표(자유한국당) 후보는 '미군 핵무기의 재배치'를 주요 정책 공약에 포함시켰고, 4위인 유승민(바른정당) 후보도 선거 기간 동안 TV 토론 등을 통해 미군 핵무기의 재배치를 거듭 주장했다. 그리고 대통령 선거로부터 3개월이 지난 8월 16일, 제1야당이자 국회 내 의석수 2위를 차지하는 보수 성향의 자유한국당이 미군 핵무기를 재배치하는 방안을 공식 당론으로 채택·선언했다.[38] 자유한국당은 2017년 9월 북한의 6차 핵실험을 계기로 미군 핵무기의 재배치를 촉구하는 1,000만 명 서명 운동에 나서는 등 미군 핵무기 재배치 주장을 더욱 강화하고 있다.

이처럼 전례 없이 높아진 국내의 핵무장 요구에도 불구하고 한국 정부는 1990년대부터 유지되어온 비핵화 정책 노선을 포기하지 않을 것임을 거듭 확인하고 있다. 특히 2017년 5월의 제19대 대통령 선거에서는 전임 김대중, 노무현 정부

시절의 대북 화해·협력 정책을 지지 및 계승하고 한반도 비핵화를 고수할 것임을 강조하는 정치 세력이 다시 집권했다. 이러한 점은 앞으로도 상당 기간 동안 한국 정부가 핵무장을 추구할 가능성이 낮을 것임을 암시한다. 아직 한국에서 핵무장에 관한 요구는 정치적·사회적으로 주류라거나 대세라고 불릴 정도 수준이 못 되는 것이다.

그러나 적어도 한 가지만큼은 분명해졌다. 바로 한국 내부에서 핵무장에 대한 금기가 깨졌다는 사실이다. 과거 같으면 '비현실적이며 일고의 가치도 없는 헛소리' 정도로나 여겨졌던 핵무장이, 이제는 '이성적으로는 받아들이기 어려워도 감정적으로는 동조할 수 있는 주장', '논의 가능한 주제'로 변화한 것이다.[39] 이는 국민이 북한의 핵무기와 그에 따른 안보 위협을 얼마나 심각하게 인식하고 있는지를 보여준다. 핵무기를 갖춘 북한과 정치적·군사적 대결 상태가 지속되고 악화될수록 "비핵화냐, 핵무장이냐?"라는 질문에 대한 한국의 고민은 더욱 깊어질 수밖에 없다.

제2장 한국의 핵무장은 가능한가?

한국이 핵무장을 현실화하기 위해 선택할 수 있는 방법은 2가지로 나뉜다. 첫째, 자체적으로 핵무기를 개발·생산·배치하는 것이다. 이는 지난 1970년대 박정희 대통령 시절에 시도했던 방식이다. 그리고 둘째, 1991년에 철수된 미국의 핵무기를 다시 한국 영토로 도입·재배치하는 것이다. 그렇다면 과연 이 선택들은 얼마나 현실성이 있는 것일까?

선택 1: 자체 핵무기 개발

독자적으로 핵무기를 개발·생산·배치하기 위해서는 3가지의 기술적인 과제를 해결해야 한다. 첫째는 플루토늄, 고농축우라늄을 비롯한 무기급 핵물질을 생산 및 확보하는 것이다. 둘째는 이 무기급 핵물질을 이용하여 의도하는 파괴·살상 효과를 발휘할 수 있도록 핵탄두를 정교하게 설계·제작, 시험 및 평가하는 것이다. 그리고 셋째는 실전에서 핵탄두를 탑재·발사할 수 있는 군사적 수단(항공기, 미사일 등)을 개발·확보하는 것이다. 과연 한국은 이 3가지 과제를 수행할 수 있는 기술력을 보유하고 있는가?

지난 1978년 경상남도 고리에서 최초의 원자력발전소를 가동하면서 한국은 세계에서 원자력발전소를 보유한 21번째 국가가 되었다. 그로부터 30여 년이 지난 오늘날, 한국은 총 24개의 원자력발전소를 운영하고 있다.[1] 이는 미국, 프랑스, 일본, 중국, 러시아에 이어 세계 6위 규모다. 2015년 기준으로 원자력은 한국에서 생산, 공급되는 전력의 약 32퍼센트를 담당했으며 화력이나 수력을 비롯한 전체 발전 설비에서 차지하는 용량은 22.1퍼센트에 달했다.[2] 이는 석유 등 화석연료의 수급을 전적으로 해외 수입에 의존하는 상황에서, 전력 생산 등의 에너지 정책에서 원자력의 역할을 강조할 수밖에 없는 한국의 여건을 반영한 결과라고 할 수 있다.

1980년대까지만 해도 한국은 원자력발전소에서 사용할 원자로를 미국, 캐나다, 프랑스 등 외국으로부터 수입해야만 했다. 그러나 1990년대에 이르러서는 자체 기술로 원자로를 설계·제작하여 국내 원자력발전소에서 사용할 수 있는 원자력 기술 자립을 이룩해냈다. 1995년에는 한국이 처음으로 독자 개발한 30메가와트짜리 다목적 연구용 원자로인 고(高)중성자속 첨단 중성자 응용 원자로, 일명 '하나로(HANARO: High-flux Advanced Neutron Application Reactor)'를 가동하기 시작했다. 현재 운영 중인 24개 원자력발전소 가운데 과반수인 13개가 한국의 자체 개발 원자로를 사용하고 있다. 이러한 점은 한국 원자력 기술이 세계적인 수준에 도달했음을 잘 보여준다.

주목할 점은 한국 원자력발전소 24개 가운데 핵무기의 원료인 플루토늄을 생산하는 데 기술적으로 유리한 700메가와트 출력의 중수로 4개가 포함되어 있다는 사실이다. 이들은 경상북도 월성에 건설된 원자력발전소에 위치하고 있는데 바로 1970년대에 박정희 대통령이 추진했던 독자 핵무기 개발 계획 일환으로 캐나다에서 도입된 CANDU 원자로다. 미국과학자연맹(FAS: Federation of American Scientists) 회장이기도 한 핵물리학자 찰스 퍼거슨이 2015년 5월 발표한 자료에

캐나다제 CANDU 중수로를 사용하는 경상북도 월성의 원자력발전소(위)와 월성의 사용후핵연료 저장 시설(아래). 플루토늄 생산을 위한 기술적 잠재력을 갖춘 것으로 평가된다.

따르면, 월성의 4개 중수로에서 매일 교체되어 나오는 타고 남은 핵연료를 재처리할 경우 연간 150~500킬로그램의 플루토늄을 확보 가능한 것으로 평가된다.[3] 이 경우 한국은 매년 25~100개의 핵무기를 손에 넣을 수 있다.

다음으로 무기급 핵물질의 무기화 능력은 어느 정도 수준인가? 이는 고성능 컴퓨터, 정밀 기계, 화약 기술 부문의 뒷받침이 필요하다. 여기서도 한국은 이미 세계적 수준의 산업 기반과 기술력을 보유하고 있다. 아울러 한국은 1990년대 이후 대함, 대공, 대전차, 수중 등 다양한 정밀유도무기를 자체적으로 설계·제작·개발하여 상당수를 전력화했다.[4] 이 점에서 한국의 정밀유도무기 개발 역량은 미국, 러시아, 일본, 이스라엘 등의 뒤를 잇는 세계 상위권으로 평가받기에 충분하다. 따라서 한국은 핵탄두를 정교하게 설계·제작하여 성공적으로 시험 및 평가하는 데 요구되는 기술력과 관련 장비를 충분히 확보 가능할 것이다.[5]

핵무기의 탑재·발사 수단에 대해서도 한국은 유리한 입지에 있다. 한국 공군이 2000년 중반부터 도입한 총 60대의 F-15K '슬램 이글' 전폭기는 대당 최대 13톤의 다양한 공대지 무장을 탑재하며, 반경 1,800킬로미터 이내를 공격권으로 둘 수 있는 장거리 비행 능력을 자랑한다. 이는 북한과 일본 영토 전체, 중국 동북부를 포함하는 범위다. 그뿐만 아니

한국 공군의 F−15K 전폭기(위)와 국산 탄도·순항미사일의 비행 모습(아래). 핵무기의 탑재·발사 수단으로 사용될 기술적 잠재력을 갖추고 있다.

라 북한 영토 대부분을 공격할 수 있는 장거리 지대지미사일 '현무(玄武)'도 독자적으로 개발, 전력화하는 데 성공했다. 현무 계열 미사일들은 사거리 300~500킬로미터 이상의 탄도미사일, 지상 차량과 해군 수상 전투함·잠수함 등에서 탑재 및 발사되는 최대사거리 1,000킬로미터 이상의 순항미사일로 나뉜다. 모두 핵무기를 탑재·발사하는 데 적합한 기술적 잠재력을 갖추고 있다.

여기까지만 살펴보면 한국의 독자적인 핵무기 개발·확보는 매우 희망적인 것처럼 여겨질 수도 있다. 핵무장을 찬성하는 이들의 입장에서는 "봐라, 우리도 충분히 핵무장을 할 수 있지 않은가?"라고 주장하는 데 좋은 근거가 될 내용들이다. 하지만 한국이 자체적으로 핵무기를 개발·확보하려면 이보다 더 큰 기술적인 장애를 극복해야 한다.

공교롭게도 아직 한국은 핵무기의 개발·확보에 필요한 가장 기본적이면서 핵심적인 능력을 보유하지 못했다. 바로 무기급 핵물질의 생산을 위한 '사용후핵연료의 재처리'와 '우라늄 농축' 능력이다. 지난 1970년대 박정희 대통령 시절의 독자 핵무기 개발 계획도 이 문제를 극복하지 못해 실패한 바 있었다. 여기에 1991년에 노태우 당시 대통령이 발표한 「한반도 비핵화 선언」의 내용도 걸림돌이 되고 있다. 이에 따르면 한국은 '핵무기의 제조·보유·저장·배치·사용'을 배제할 뿐만 아니라, '핵연료 재처리 및 핵 농축 시설의 보유'까지 자발적으로 포기한다고 되어 있기 때문이다.[6] 이런 이유로 한국은 세계적 수준의 원자력 대국임에도 불구하고, 원자력발전소 가동에 필요한 핵연료(저농축우라늄 등)를 모두 미국 등 외국으로부터 수입하고 있다. 재처리를 통한 핵연료의 독자적인 재활용 능력이 없다 보니 매년 수많은 사용후핵연료를 '방사성폐기물'로 저장할 수밖에 없는 실정이다.[7] 영토 면적이 작은 한국의 현실에서 이는 반핵(反核) 여론을 고취시켜 심각한 사회 갈등 요인이 되고 있다.

사실 한국은 이미 오래전부터 '원자력의 평화적 이용' 또는 '핵주권'이라는 이름 아래 독자적으로 사용후핵연료의 재처리, 우라늄 농축을 수행할 수 있는 기술 역량 확보를 추구해왔다. 핵연료의 생산 → 사용 → 재활용에 이르는 '핵연료주기(nuclear fuel cycle)'를 자주적으로 구축·확보함으로써 에너지 수요의 자급자족을 달성할 수 있어야 한다는 필요성을 반영한 것이다. 이러한 노력 가운데는 지난 1982년부터 2000년까지 한국원자력연구소에서 실시했던 다음과 같은 핵물질 관련 실험들도 포함되어 있다.

- 1979~1981년: 화학교환 방식으로 0.72퍼센트 수준의 우라늄 농축 수행.

- 1982년: 0.7그램의 플루토늄 추출.
- 1993~2000년: 레이저동위원소분리법(AVLIS)을 통해, 0.2그램의 농축우라늄을 분리. 평균 10퍼센트, 최대 77퍼센트의 농축도 달성.

이 실험들은 지난 2004년 2월 원자력 관련 연구 활동과 장비에 관해 더욱 강화된 신고 의무를 규정한 IAEA와의 「추가 의정서(Additional Protocol)」를 비준·반영하는 과정에서 그해 9월에야 뒤늦게 보고되었다. 비록 실험 과정에서 다루어진 관련 물질 분량은 극히 적었지만, 당시 국제사회는 핵무기 제조에 사용될 수 있는 플루토늄과 농축우라늄의 생산에 관한 것이었다는 점에서 큰 우려를 나타냈다. 이런 이유로 한국은 한때나마 핵무기 개발을 시도하려는 것 아니냐는 국제적 의혹을 받아 곤경에 처하기도 했다.[8]

이러한 기술적인 성과들을 고려한다면 한국은 무기급 핵물질의 생산을 위한 사용후핵연료의 재처리, 우라늄 농축에 필요한 기술력을 보유한 것으로 평가할 수 있다. 그러나 재처리 및 농축 기능을 수행하기 위한 일정 규모의 시설과 장비를 보유하지 못한 현재 상태에서 한국이 무기급 핵물질을 독자적으로 생산·확보할 가능성은 거의 기대하기 힘들다. 물론 이론상으로는 한국원자력연구원을 비롯한 관련 연구

기관의 시설(연구용 원자로, 소규모 재처리 실험실 등)을 개조·전환하는 방식으로 플루토늄, 고농축우라늄을 생산할 수 있을지 모른다. 하지만 이 경우에도 상당한 시간의 지연이 불가피할 것이다.

그리고 한국은 국제적인 대량살상무기 비확산 질서의 일원으로서 모든 원자력 관련 시설과 활동이 NPT와 IAEA의 '안전조치협정(Safeguards Agreement)'에 의거한 상시적인 감시

원자력발전소 내에 설치된 국제원자력기구(IAEA) 감시 카메라의 모습. 한국의 핵무장 시도가 즉각 국제사회에 노출될 것임을 보여준다. 출처: 이정훈, 『한국의 핵주권: 이야기로 쉽게 풀어 쓴 원자력』, 서울: 글마당, 2013, 189쪽.

와 감독 아래 있는 상황이다. 핵무장을 위한, 특히 무기급 핵물질을 확보하려는 어떠한 움직임도 즉각 국제사회의 감시에 노출될 것이 분명하다.[9] 이는 한국이 독자적으로 핵무기를 개발하려는 기회를 더욱 좁힐 수밖에 없다.

지금까지 논의를 종합해볼 때, 한국이 당장 핵무기의 독자 개발을 결심한다고 해도 실제로 핵무기를 손에 넣기까지는 최소 1년이 넘는 시간이 요구될 것이다. 여기에는 일정 규모의 사용후핵연료의 재처리 및 우라늄 농축 시설을 건설하거나, 기존의 원자력 연구 시설들을 군사용으로 개조하고 무기급 핵물질을 생산하는 데 소요되는 수개월이 포함된다.[10] 이미 독자적인 재처리와 농축 시설을 보유·운영함으로써 대규모 플루토늄, 고농축우라늄을 발전용 명목으로 비축하고 있는 일본과 비교할 때, 한국은 신속히 독자 핵무장을 달성하는 데 매우 불리한 상황에 놓여 있음을 알 수 있다.[11] 그리고 핵무기를 개발·확보하는 과정에서 국제사회의 제재, 또는 한국의 핵무장을 저지하려는 북한과 중국, 러시아 등의 예방전쟁(preventive war) 시도로 더욱 취약해질 것이 뻔하다.

선택 2: 미군 핵무기의 재배치

한국 입장에서는 스스로 핵무기를 개발·생산하는 것이 핵무장을 실현하는 데 가장 바람직한 방법일 것이다. 하지만 독자적인 무기급 핵물질의 생산능력 부재, IAEA '안전조치 협정' 등에 따른 국제사회의 감시와 제재 가능성을 고려하면 한국은 자체적으로 핵무장을 추구하기에 불리한 입장이다. 이에 따라 일부 학자와 정치인은 독자적인 핵무기 개발·생산의 대안으로 지난 1991년에 철수한 미군 핵무기의 재배치를 주장하고 있다.

미군 핵무기의 재배치를 통한 핵무장이 한국에 제공할 수 있는 효과는 다음의 3가지를 들 수 있을 것이다.

첫째, 한국이 스스로 핵무기를 개발·생산하는 것보다 훨씬 빨리 그리고 더 경제적으로 북한의 핵무장 위협에 대한 군사적 억지·대응 능력을 확보할 수 있다. 이미 미국이 보유하고 있는 핵무기를 한국 영토로 옮겨서 배치하면 되기 때문이다. 그 결과 한국은 핵무기의 독자 개발에 요구되는 상당 수준의 시간과 비용을 절약할 수 있게 되며 방위력 발전에서 비용 대비 효과를 향상시킬 수 있는 것이다.

둘째, 핵무장을 구현하는 과정에서 NPT와 IAEA 안전조치협정을 비롯한 국제적인 대량살상무기 비확산 규범들을 위반해야 하는 위험부담에서 벗어날 수 있다. 이를 통해 한국은 국제적인 제재와 비난 여론으로부터 자유롭게 핵무기가 제공하는 방위력의 증강 효과를 누릴 수 있게 된다.

셋째, 한국이 독자적으로 핵무기를 개발·확보하려는 동기를 약화시킬 것이다. 다시 말해 미군 핵무기의 한국 영토 배치는 동맹 당사국으로서 한미 양국의 정치적·외교적·군사적 결속과 신뢰를 훼손하지 않는 가운데 북한의 핵무장으로부터 한반도의 군사적인 균형과 안정을 유지·회복할 수 있는 능력을 확보하는 방법이 될 수 있다는 논리다. 특히 지난 1970년대에 한국이 독자 핵무기 개발 계획의 추진을 놓고 미국과 심각한 정치적·외교적 갈등을 겪었던 역사상의 경험을 고려하면, 이는 더욱 큰 가치를 갖는다고 평가할 수 있다.

그러나 미군 핵무기의 재배치 주장 역시 상당한 문제를 갖고 있다. 먼저 한미 양국 정부가 견지하고 있는 비핵화 정책 노선과 어긋난다는 점을 지적할 수 있다. 1991년의 「한반도 비핵화 선언」은 '핵무기의 제조·보유·저장·배치·사용' 배제를 명시하고 있다. 이는 한국의 독자적인 핵무기 개발·생산뿐만 아니라, 우방·동맹국을 비롯한 외국으로부터 핵무기 도입도 금지 대상임을 뜻한다. 애초에 「한반도 비핵화 선언」의 발표가 당시 한국 영토에 배치되어 있던 주한미군 소속의 핵무기 철수와 같은 시기에 이루어졌다는 것만 보더라도 이 점은 더욱 명백해진다.

최근 몇 년 동안 북한의 핵무장 위협이 심화되면서 정치권을 중심으로 미군 핵무기를 재배치해야 한다는 주장이 커지고 있지만 정부 당국은 줄곧 미군 핵무기의 재배치에 부정적인 입장을 견지하고 있다. 먼저 2017년 8월 18일 정경두 신임 합동참모본부 의장은 국회 인사청문회에서 "북한의 비핵화를 주장하면서 미군 핵무기 재배치는 맞지 않다고 본다"라고 답변했다. 정의용 청와대 국가안보실장도 4일 후인 8월 22일 국회 운영위원회에 출석하여 "한반도 비핵화를 추진하는 우리의 명분을 상실하게 된다"면서, 미군 핵무기의 재배치를 "전혀 검토하지 않고 있다"라고 밝혔다.

한편 북한의 6차 핵실험 다음 날인 9월 4일 국회 국방위원회 전체회의에 출석한 송영무 국방장관이 미군 핵무기 재배치 주장에 대해 "정부 정책과 다르지만, 북한의 핵 위협을 효과적으로 억지·대응하기 위한 다양한 방안 중 하나로 검토해야 한다"라고 답변했다. 이 발언은 국방부가 미군 핵무기의 재배치 가능성을 인정한 것으로 비쳤고 이후 정치권과 언론을 중심으로 미군 핵무기의 재배치를 찬성·촉구하는 주장이 연일 쏟아졌다. 결국 8일 만인 9월 12일, 송 장관은 국회 대정부 질문에서 "미군 핵무기의 재배치를 검토하지 않고 있다"라고 답변하며 종전의 입장에서 물러섰다.[12]

그리고 9월 14일에는 문재인 대통령이 미국 CNN 방송과 한 인터뷰에서 "북한의 핵에 대응해서 우리가 자체적으로 핵무기를 개발하거나 미군 핵무기를 다시 반입해야 한다는 생각에 동의하지 않는다"라고 말했다.[13] 북한의 6차 핵실험 직후 과열 양상을 나타낸 정치권과 언론 등의 미군 핵무기 재배치 주장을 일축하고 한반도 비핵화에 대한 정부 방침에 후퇴가 없을 것임을 국내외에 명백히 천명한 것이다. 이처럼 '한반도 비핵화'라는 그동안의 정책 노선을 포기하지 않는 이상 한국 정부가 미군 핵무기의 재배치를 요청·수용할 가능성은 없다고 해도 무방하다.

미국 정부도 마찬가지 입장을 유지하고 있다. 북한의 6차 핵실험으로부터 10일이 지난 9월 13일, 제임스 매티스 미 국방장관은 한국 내부의 미군 핵무기 재배치 주장에 관해 질문을 받고 "우리는 핵무기를 통한 전쟁 억지력을 갖고 있으며 핵무기의 위치는 중요하지 않다(immaterial)"라고 답했다.[14] 군이 한국 영토에 핵무기를 재배치하지 않더라도 충분히 북한의 핵무장 위협을 억지·분쇄하기 위한 능력을 제공할 수 있다는 의미였다.

또한 같은 시기에 자유한국당 북핵위기대응 특별위원회의 국회의원단 일행이 미국을 방문하여 미군 핵무기의 재배치를 공식 요청했을 때도 이들을 면담한 조셉 윤 대북정책

특별대표, 엘리엇 강 차관보 대행 등 미 국무성 관계자들은 "핵무기의 한국 재배치는 어려움이 많다. 핵우산을 믿어달라"거나 "북한의 도발을 억지하기 위해 전략무기의 운용을 강화하는 방안을 마련하겠다"면서 부정적인 입장을 전달했다.[15] 이처럼 미국이 자신들의 핵무기를 한국에 배치할 의사가 없는 이상, 아무리 한국 내부에서 미군 핵무기의 재배치를 기대해봐야 '무의미한 희망 사항'에 지나지 않는다.

미국이 과연 한국 영토에 배치하는 데 적합한 핵무기를 보유하고 있는지 여부도 중요한 문제다. 오늘날 미국은 자신들이 보유한 전체 핵무기의 11퍼센트인 약 500개를 해외 배치가 가능한 것으로 분류하는데, 그 가운데 실전 배치된 것은 150개다.[16] 이들은 모두 유럽의 5개 동맹국(독일, 네덜란드, 벨기에, 이탈리아, 터키) 영토에 배치되어 있다. 주목해야 할 점은 이제 미국이 해외 배치에 동원할 수 있는 핵무기는 오직 항공기로 탑재·투하하는 공대지 폭탄 형태만 존재할 뿐이라는 사실이다.[17] 만약 한국 영토에 미군 핵무기가 재배치된다면 이것이 유일한 선택이 될 것이다.

냉전이 종식된 1990년대 이후 미국은 대포, 지뢰, 지대지 미사일 등 다양한 야전 배치 무기로 탑재·발사할 수 있는 단거리 핵무기를 모두 폐기했다. 이는 현 시점에서 미군 핵무기가 재배치된다면 군사력 운용의 신속성·생존성 측면에

항공기로 투하하는 B61 폭탄의 모습. 오늘날 미국이 핵무기의 해외 배치를 위해 선택할 수 있는 유일한 대안이다.

서 매우 부정적인 평가를 받게 될 것임을 뜻한다. 항공기 투하형 폭탄의 특성을 고려할 때 유사시 탑재 및 운반 과정에서 상당한 시간이 소요될 것이 분명하기 때문이다. 이는 발사 후 수분 이내에 휴전선 이남의 한국 영토 대부분을 타격할 수 있는 북한 탄도미사일 공격에 대한 취약성을 높일 것으로 우려된다. 만약 미군 핵무기가 수도권(예를 들어 경기도 오산의 주한 미 공군기지) 또는 휴전선 전방 인근에 배치된다면 수도권을 노리는 북한의 장거리포 공격에도 노출될 수 있다. 이처럼 군사적 효과성 측면에서 살펴봐도 미군 핵무기의 재배치는 결코 바람직한 선택이라고 하기 어렵다.

여기에 한국에 재배치될 미군 핵무기의 관리와 경비를 위한 재정 및 인력, 기술과 시설의 추가 부담, 그리고 이에 따르는 한국 내부의 반미·반핵 여론 고조에 따른 정치적·외교적·사회적 갈등의 악화 가능성까지 고려한다면, 미군 핵무기의 재배치는 한미 양국 모두에 부담스러운 선택이 될 수밖에 없다.[18] 이는 현재 '고고도 하강단계 지역방공(이하 THAAD: Terminal High Altitude Area Defense, 일명 '사드')' 요격미사일의 주한미군 배치를 놓고 국내외에서 계속되고 있는 논란 및 갈등과 비교조차 안 될 정도로 심각한 문제가 될 것이다.

요컨대 미군 핵무기를 한국 영토에 재배치하는 것은 '한국에도 핵무기가 있다'는 식의 심리적인 만족이나 안정은 줄 수 있겠지만 실질적으로는 효과보다 손실이 훨씬 클 것임에 분명하다. 자칫 한국 내부에서 미국과 동맹 관계 지속에 관한 정치적·사회적 대립과 분열을 전례 없이 악화시키고 한미동맹의 장래를 근본적으로 위협하는 결과로 이어질 우려가 매우 높다.

제3장 한국의 핵무장은 바람직한가?

한국이 핵무장을 선택하도록 유도하는 상황은 크게 4가지로 나눌 수 있다. 첫째, 북한의 핵무장이 장기화·고착화되는 경우다. 둘째, 미국이 아시아·태평양 지역에서 우방국·동맹국들에 대한 안보 공약, 특히 핵우산 제공을 현저히 약화시키거나 아예 포기하는 경우다. 셋째, 아시아·태평양 지역 전체에 걸쳐 핵무장 국가가 추가로 등장하는 '핵확산(nuclear proliferation)의 현실화', 특히 일본까지 핵무장을 결심하는 경우다. 넷째, 한국 내부 여론이 주변국과 대결 및 군비 경쟁조차 마다하지 않는 민족주의에 경도되거나 이를 추구하는 세력이 정치 주도권을 차지하는 경우다.

그러나 현 시점에서 한국의 핵무장 여부에 관한 판단은 다음의 2가지 질문에 대해 어떤 견해를 갖고 있느냐에 따라 좌우된다고 할 수 있다. 첫째 질문은 "오늘날 미국의 핵우산 공약은 핵무기를 갖춘 북한의 군사 위협을 억지·격퇴하는 데 충분한 신뢰성을 확보했는가?"이다. 그리고 둘째 질문은 "만약 그렇지 못하다면, 과연 한국의 핵무장은 해결책이 될 수 있는가?"이다.

그렇다면 한국의 핵무장을 주장하는 측은 독자적인 핵무기 개발 또는 미군 핵무기 재배치를 통해 어떠한 효과를 기대하는 것일까? 반면 이에 동의하지 않는 측에서는 한국의 핵무장이 어떠한 문제를 일으킬 것이라고 우려하는가? 그리고 이들 가운데 어느 쪽 주장이 현재 한반도 안보 환경 현실에 더욱 정확히 부합하고 높은 설득력을 갖는가?

핵무장 찬성 논리들

한국의 핵무장을 주장·지지하는 이들은 핵무장으로 다음 4가지 효과를 달성할 수 있다고 믿는다. 첫째, 한국이 독자적으로 핵무기를 개발하거나 미국의 핵무기를 한국 영토에 재배치함으로써, 북한의 핵무기로 인해 위협받고 있는 한반도에서 군사력 균형과 정치적·외교적 안정과 평화를 회복할 수 있다. 한국 영토에도 핵무기가 존재해야만 북한이 핵무기를 통해 달성하려는 정치적·군사적 효과를 직접적으로 무력화하고, 핵무기로 무장한 북한의 정치적·군사적 도발에 무기력하게 끌려 다녀야만 했던 그동안의 악순환을 끝낼 수 있다는 주장이다. 이는 '재래식무기에 의존하는 기존의 방위력 강화만으로는 결코 북한의 핵무기에 동등하게 맞설 수 없으며 핵무기는 오로지 핵무기로만 대응 가능하다'는 일종의 '눈에는 눈, 이에는 이' 논리를 전제로 한다.

동시에 미국이 제공하는 핵우산 공약에 대한 한국 내부의 깊은 불신과 회의감을 반영한 것이기도 하다. '한반도로부터 멀리 떨어져 있는 원자력잠수함, 폭격기, ICBM 등에 의존하는 미국의 핵우산이 과연 한국이 필요로 하는 상황과 시간에 동원되어 북한의 핵무기 사용 능력과 의지를 효과적으로 억지·격퇴할 수 있겠는가?'라는 의문인 것이다. 특히 핵무장 찬성론자들은 북한이 미국 영토에 직접 핵무기를 발사할 수 있는 ICBM을 개발 중이라는 점을 들어, 앞으로 미국의 핵우산 제공 능력과 의지는 더더욱 신뢰하기 어려워질 것이라는 우려를 나타낸다. 그 결과 북한 핵무기 위협을 억지·분쇄할 수 있는 것은 '눈에 보이지 않는' 미국의 핵우산이 아니라, 한국 영토에 직접 배치됨으로써 '눈에 보이는' 한국의 독자 개발 핵무기 또는 재배치된 미군 핵무기뿐이라고 주장한다.

둘째, 한국의 핵무장은 북한이 핵무장 능력의 양적·질적 강화를 앞세워 한반도에서 정치적·군사적 도발을 일삼으려는 '핵 그림자' 현상을 견제·예방할 수 있다. 이러한 논리는 천안함 피격 사건과 연평도 포격전 등 최근 수년 동안 북한이 자행하고 있는 도발 행태들이 핵무장 위협의 연장선상에서 비롯된 것이라는 관점을 바탕으로 한다. 한반도에서 오직 북한만이 핵무기를 보유하고 있는 현재 상황이 계속되는 한, 북한은 앞으로도 한국과 미국 등의 강력한 군사적 대응과 반격을 걱정할 필요 없이 일방적으로 도발을 반복할 수 있다는 주장이다. 핵무장을 찬성하는 이들은 한국 영토에 존재하는 핵무기가 북한 정권에 '한국과 미국의 더욱 신속하고 강력한 군사 보복 가능성'으로 작용하여 제한적인 규모의 군사 도발까지 포기·자제하도록 만들 것이라고 주장한다.[1]

셋째, 한국의 핵무장은 북한이 비핵화를 선택하도록 유도하는 외교적 협상 수단 역할을 할 수 있다.[2] 한국이 독자적으로 핵무기를 개발·배치하거나 미국의 핵무기를 한국 영토에 재배치한다고 치자. 그동안 한반도 비핵화에 소극적이었던 중국과 러시아에 '아시아·태평양 지역에서 핵확산 가능성'을 깨닫게 하여 자신들의 영토 주변에 더 많은 국가들이 핵무기로 무장할 수 있다는 위기의식을 환기시킬 수 있다. 이럴 경우 중국과 러시아는 일본, 대만을 비롯한 주변 국가들이 한국의 뒤를 이어 핵무장하는 것을 막기 위해 북한을 외교 협상 테이블에 끌어다 앉히는 등 정치적·외교적·경제적 영향력을 이전보다 적극적으로 동원할 것이다. 그 결과 한국의 핵무장은 북한의 비핵화를 위한 외교적 노력을 재개하는 계기를 마련하고 남북한에 존재하는 핵무기를 함께 없애는 방식으로 한반도 비핵화를 달성할 수 있게 된다는 것이다.

이처럼 한국의 핵무장이 북한을 '외교 협상을 통한 비핵화'로 유도할 수 있다는 주장은 냉전이 막바지로 치닫던 1980년대 서유럽에서 실제로 일어난 역사상 사례를 근거로 한 것이다.[5] 당시 소련이 영국, 프랑스, 서독 등 서유럽 국가들 대부분을 공격할 수 있는 최대사거리 5,000킬로미터의 SS-20 '파이오니어' 중거리 핵미사일을 배치하자, 이에 맞서 미국도 1983년부터 BGM-109 '그리폰' 순항미사일, MGM-31B '퍼싱-2' 탄도미사일을 영국, 서독 등지에 배치했다. 이 두 핵미사일은 사거리 약 2,000킬로미터로 서유럽에서 발사하면 소련의 수도 모스크바를 비롯한 주요 도시들을 공격·파괴할 수 있었다. 결국 SS-20 배치를 통해 유럽에서 일방적인 군사력 우위를 차지하려 했던 소련의 의도는 무산되었고, 마침내 1987년 미소 양국은 SS-20과 그리폰 순

1983년 서유럽에 배치된 미국의 중거리 핵미사일(위)과 4년 후인 1987년 미국과 소련의 '중거리 핵전력 조약' 서명 모습(아래). 과연 한국의 핵무장도 똑같은 효과를 거둘 수 있을까?

항미사일, 퍼싱-2 탄도미사일 모두를 폐기하는 '중거리 핵전력 조약(Intermediate-range Nuclear Forces Treaty)'에 합의했다.

핵무장을 협상 수단으로 이용하여 북한을 비핵화로 유도해야 한다는 논리는 주로 미군 핵무기의 재배치를 주장하는 측에서 강조하고 있다. 만약 한국이 독자적으로 핵무기를 개발해 배치한다면, 설령 그것을 '북한의 핵무기에 맞서기 위한 방어적 수단'이라고 강조한다고 해도 북한뿐만 아니라 주변 국가들 심지어는 동맹 미국까지 한국의 의도를 의심할 것이다. 이는 핵무장 과정에서 국제사회의 강력한 반대와 제재를 야기할 위험부담이 크다. 반면 재배치된 미군의 핵무기는 북한이 비핵화에 동의하고, 이를 실행하면 신속하게 한국 영토에서 철수할 수 있으므로 미국과 국제사회의 의심으로부터 자유롭다. 따라서 '북한의 비핵화를 위한 외교적 협상 수단'이라는 명분을 인정받기에도 훨씬 유리한 것이다.

넷째, 핵무장을 통해 한국의 국제적 지위를 강화하고 동맹 미국을 비롯한 주요 국가들과 한층 더 동등한 관계를 확립하여 외교적·군사적 자주성을 보장받을 수 있다. 한국은 우월한 국력을 갖춘 주변 국가들에 지정학적으로 포위되어 있는 약소국 신세다. 이를 벗어나 당당한 자주 독립국가로 인정받기 위해서는 가공할 만한 파괴 및 살상 능력을 갖춘 핵무기의 정치적·군사적 효과가 필수적이라는 것이다. 이

프랑스의 핵무장을 주도한 샤를 드골 전 대통령(위)과 1998년 5월 파키스탄의 첫 핵실험 직후에 환호하는 군중들(아래). 핵무장의 동기가 민족주의적 열망에서 시작될 수 있음을 보여준다.

는 핵무기가 국가의 주권과 자존심을 대표한다고 여기는 다분히 민족주의에 입각한 발상이다. 지난 1960년대에 드골이 '위대한 프랑스의 재건'을 표어로 삼아 독자 핵무장을 주도하고 인도와 파키스탄이 남아시아 지역 패권을 잡기 위해 경쟁적으로 핵무장에 나섰던 것은, 민족주의적 열망이 핵무장의 동기가 될 수 있음을 보여주는 대표적 사례다.

1990년대에 일본에 대한 핵 공격을 묘사한 소설『무궁화 꽃이 피었습니다』가 폭발적 인기를 얻으며 베스트셀러가 되었던 것을 생각하면, 한국에서도 민족주의 논리를 앞세운 핵무장론이 상당한 호소력을 얻을 가능성은 충분히 존재한다. 한때 북한의 핵무장에 대해 "통일되면 우리 것이 되니까 걱정할 필요 없다"는 주장이 존재했던 것도 핵무기가 민족주의적 감정과 결합되어 정당화될 수 있음을 보여준다. 만약 앞으로 한국에서 특히 통일 이후 민족주의 성향이 강한 지도자와 정당이 집권하거나 미국이 안보 공약의 급격한 약화(예를 들어 주한미군의 완전 철수)를 실행하여 한국이 스스로의 힘에만 의존하여 국방을 책임져야 하는 상황이 불가피해진다면, 민족주의를 기반으로 하는 핵무장은 더욱 큰 지지를 얻게 될 것이다.

핵무장 반대 논리들

지금까지 살펴본 주장들은 나름대로 근거를 갖춘 것으로 여겨질 수 있다. 특히 북한의 핵무장에 의한 안보 위협이 갈수록 심화되는 상황에서 외교적 노력을 통한 비핵화의 실패를 목격해온, 그리고 미국의 핵우산 공약에 대해 불신과 절망감을 느껴온 이들에게는 더더욱 호소력을 얻기에 충분할 것이다. 한국이 독자적으로 핵무기를 개발하거나 미군의 핵무기를 재배치하면, 그동안 지긋지긋하게 계속되어왔던 북한 핵무기의 공포에서 벗어남과 동시에 비핵화와 통일도 수월하게 이루어질 수 있을 것처럼 보일지도 모른다.

하지만 이에 동의하지 않는 관점들 역시 분명히 존재한다. 핵무장 비판론자들에 따르면 한국의 핵무장은 결코 이를 요구·찬성하는 측에서 기대하는 정치적·외교적·군사적 효과를 제공하지 못한다. 오히려 핵무장을 추구할 경우 감당하기 어려운 다수의 전략적 불이익이 발생함으로써 국가이익에 심각한 타격을 줄 가능성이 크다고 이들은 우려한다.

핵우산은 더 이상 쓸모가 없는가?

먼저 미국의 핵우산 공약에 대한 불신 특히 '북한이 ICBM으로 미국 영토에 직접 핵 공격을 가할 수 있다면, 핵우산은 무력화될 것'이라는 논리를 앞세워 한국의 독자적인 핵무기 개발 또는 미군 핵무기의 재배치를 정당화하려는 주장이 과연 타당한지 여부를 살펴볼 필요가 있다. 핵우산을 비롯하여 동맹국에 의해 외부로부터 제공되는 전쟁 억지 능력, 즉 '확장억지(extended deterrence)'를 무력화할 수 있는 것은 현존 또는 잠재 적대 세력이 동맹국을 겨냥해 '확증파괴(assured destruction)'를 가할 수 있을 경우다. 여기서 확증파괴란 '상대 국가의 인구와 국력 기반 대부분을 파괴·살상하고 정상적인 국가 기능을 수행하지 못할 정도로 치명적인 피해를 강요할 수 있는 군사적 능력'을 뜻한다.[4] 단순히 미국 영토에 한두 개의 핵탄두를 날리는 것만으로 미국의 핵우산을 무력화시킬 수 있는 것이 아니라는 뜻이다.

냉전 시대 초기인 1950~1960년대까지는 미국만이 소련을 일방적으로 확증파괴를 달성할 정도의 핵전력 우위를 차지했다. 하지만 1970년대부터는 소련도 미국에 대한 확증파괴가 가능한 대규모 장거리 핵무기를 보유·배치하게 되었다. 미소 양국 사이에 핵전력 평형(nuclear parity)이 성립되자 서유럽 등 미국의 우방국·동맹국들은 '미국이 소련의 대규모 핵 보복으로 인한 국가 파멸을 두려워한 나머지 핵우산을 제공하지 않을지도 모른다'고 우려하게 되었다. 앞서 소개한 1980년대 미국의 중거리 핵미사일 배치 사례도 이러한 서유럽 국가들의 우려를 해소하려는 조치였다.

그러나 현재 북한의 핵전력은 미국에 확증파괴를 강요할 정도의 수준과 거리가 멀다. 북한은 발사대 기준으로 100대가 넘는 대규모의 다양한 탄도미사일 전력을 보유하고 있지만, 이 가운데 미국 영토를 겨냥할 수 있는 ICBM이 차지하는 비중은 10퍼센트 미만으로 추산된다.[5] 아울러 ICBM의 전력화를 위한 북한의 기술적 역량은 장거리 로켓과 일부 중·장거리 탄도미사일의 시험 발사를 통한 사거리 연장, 다단계 분리 등의 간접적인 방식으로만 입증되었을 뿐이며, 탄두의 재진입과 유도장치의 정교화를 비롯한 여러 기술적인 장애가 남아 있는 실정이다.[6]

현재까지 북한이 시험 발사에 성공한 탄도미사일 가운데 최장거리인 약 3,700킬로미터를 비행한 중거리 '화성-12형', 심지어 사거리 기준으로는 ICBM의 조건을 충족시키는 '화성-14형'과 '화성-15형'도 이러한 범주를 벗어나지 못했다.[7] 다시 말해 이들 미사일은 북한이 미국 영토를 핵무기로 공격할 수 있는 ICBM을 개발하기 위한 '중간 단계'일 뿐 그 자체만으로는 결코 '완성'을 의미하지 않는 것이다.

이에 따라 북한 핵무기에 의한 군사적인 위협은 앞으로 상당 기간 동안 한반도와 일본, 아시아·태평양 지역의 미군 기지로 한정될 가능성이 매우 높다. 미국 영토에 대한 북한

북한의 군사 퍼레이드에 등장한 탄도미사일. 이 가운데 미국 영토를 공격할 수 있는 ICBM의 비중은 극소수이며, 기술적인 검증도 불충분한 상태다.

의 핵 공격은 이론상으로는 가능하겠지만, 소수의 미국 도시들을 위협하는 정도에 그칠 것이다. 과거 소련이 1970년대 이래 미국의 인구 대부분과 경제적·사회적 기반을 괴멸시킬 정도의 대규모 장거리 핵전력을 보유했던 것에 비하면 훨씬 왜소하다. 단순히 '핵무기로 미국을 직접 공격할 수 있다'는 상징적·심리적 효과만 발휘할 정도 수준이다.

게다가 북한의 핵무기가 아시아·태평양 지역 내의 미 군사력, 특히 한반도 유사시 핵우산 제공 능력과 직결되는 서태평양의 괌 미군 기지에 대해 과연 얼마나 실질적인 위협을 가할 수 있을지도 의문의 여지가 남아 있다. 당초 북한은 2000년대 후반부터 '화성-10형'(통칭 '무수단')으로 불리는 중거리 탄도미사일을 배치해왔는데 2016년 4월부터 실시된 5번의 시험 발사가 번번이 실패로 돌아갔다. 화성-10형은 2016년 6월 22일의 시험 발사에서 1개가 비행에 성공했지만, 10월에 실시된 시험 발사에서 다시 2번 연속으로 실패했고 이후 더 이상 시험 발사가 없는 상황이다.[8] 사실상 전력에서 제외된 것이다. 2017년 5월에 처음 등장한 화성-12형은 3번의 시험 발사에서 모두 성공적으로 비행했고 사거리만으로는 충분히 괌을 공격할 수 있다. 그러나 표적에 대한 오차 범위가 5~10킬로미터 이상일 정도로 정확성이 낮은 것으로 평가된다. 이 경우 핵탄두를 장착한다고 해도 괌의 미군 기지를 파괴할 가능성은 10퍼센트 이하에 불과하다.[9]

만약 북한이 핵무장을 통해 달성하려는 의도가 그들의 선전대로 단순히 미국의 선제공격 및 침략을 억지하기 위한 방어 목적에 국한된다면 지금까지 확보한 능력만으로도 충분할지 모른다. 그러나 북한이 미국에, 한국을 비롯한 우방국·동맹국들에 대한 핵우산 제공을 포기하도록 강요하겠다는 공격적·침략적 의도를 달성하기에는 결코 충분하지 못하다.[10] 따라서 단순히 북한 핵무장 위협이 양적, 질적으로 그 수위가 높아지고 있다는 사실만을 근거로 "미국의 핵우산은 더 이상 쓸모가 없다"고 주장하거나 한국의 핵무장을 정당화하려는 것은 설득력이 부족하다.

일부 주장처럼 정말 북한 핵무장 능력이 미국 핵우산을 무력화할 수 있다면 북한은 미국의 개입을 걱정하지 않고 당장 대남 침략 전쟁을 일으켰을 것이다. 하지만 북한의 정치적·군사적 도발은 여전히 대량살상무기 관련 무력시위(예를 들어 핵실험, 탄도미사일 시험 발사), 전쟁 협박 발언, 그리고 단발(單發)적인 재래식 국지전 정도의 수준을 넘어서지 못하고 있다. 이는 아무리 북한의 핵무장 위협이 강화되어도 그것이 한국과 미국, 국제사회 등을 겨냥한 실제 전쟁에서 사용으로는 감히 이어지지 못하고 있으며, 그 배경에는 미국의 핵우산에 의한 대북 억지력이 작용하고 있음을 보여주는 분명한 증거다.

아울러 2000년대 후반 이후 북한의 군사 도발 빈도와 강도가 높아지고 있다는 점을 내세워 '미국 핵우산의 실패'를 주장하고, 한국의 독자적인 핵무기 개발이나 미군 핵무기의 재배치를 정당화하려는 것도 옳지 않다. 이는 핵우산의 군사적인 역할과 효과에 대한 지나친 기대에서 비롯된 것이다. 핵우산은 결코 북한이 가하는 모든 유형의 군사적 위협을 예방·억지할 수 있는 만능 수단이 아니기 때문이다. 과거 주한미군 소속으로 수백 개의 단거리 핵무기가 한국에 배치되어 있던 1960~1980년대에도 북한이 1·21 청와대 기습 미수, 푸에블로호 납치, 판문점 도끼 만행, 아웅산 테러 등 수많은 군사 도발을 자행했던 엄연한 역사상의 사실을 기억할 필요가 있다.

역시 핵무기로 무장하고 있는 인도와 파키스탄의 사례를 보더라도 핵무기로 모든 군사 도발을 예방할 수 있다는 주장이 얼마나 잘못되었는지를 알 수 있다. 양국은 1998년 5월 경쟁적으로 공개 핵실험을 실시하여 자신들의 핵무장을 공식화했는데, 불과 1년 만인 1999년 5월부터 국경 지역인 카르길(Kargil)에서 2개월 동안 대규모 포격과 공습을 포함한 제한전쟁을 벌였다.[11] 심지어 2001년과 2008년에는 친(親)파키스탄 이슬람 무장단체들이 인도 국회의사당, 인도 최대 도시 뭄바이를 공격하여 수많은 인명 살상이 일어나기도 했다. 이는 핵무기의 전쟁 억지 효과에 엄연히 한계가 있음을 보여주는 명백한 증거다.

핵우산의 역할은 북한이 한반도에서 핵무기의 사용을 포함한 전면전쟁을 도발하거나 핵무장 능력을 앞세워 군사 도발의 강도를 증대·심화하려는 시도를 저지·분쇄하는 것이다. 이러한 기준에서 보면 미국의 핵우산은 지난 수십 년 동안 충분히 효과를 발휘하고 있다는 평가가 가능하다. 무엇보다 미국의 핵우산은 북한보다 훨씬 압도적인 규모의 핵 보

1999년 인도와 파키스탄 간 카르길전쟁(위)과 2008년 뭄바이 테러 사태(아래). 핵무기의 전쟁 억지 효과에 한계가 존재함을 보여주는 대표적인 사례들이다.

복 능력을, 북한의 공격 위협에서 벗어난 원자력잠수함과 폭격기 등을 사용하여 안전하게 제공할 수 있다. 매티스 미 국방장관이 "적들이 우리의 핵무기가 어디에 있는지 모르게 하고, 겨냥할 수 없도록 만드는 것은 전쟁 억지에서 중요한 부분"이라고 말한 것도 이를 반영한다. 이 점에서 미국의 핵우산이 한반도 유사시에 발휘될 수 있다는 신뢰성은 결코 과소평가할 수 없다.

현 시점에서 오히려 진정으로 경계해야 할 것은 양적·질적으로 결코 미국과 대등하게 맞설 수 없는 북한의 초보적인 핵무장 능력을 '게임 체인저(game changer: 승부의 판도를 근본적으로 바꿀 수 있는 비장의 수단)' 운운하며 앞장서 선전하고, "5,000만 국민이 북한의 핵 인질이 되었다"라고 연일 성토하는 정치권과 언론, 학계 일각의 몰지각한 행태다. 이는 국민들 사이에 북한에 대한 패배 의식과 불안감을 퍼뜨릴 뿐만 아니라 핵우산을 비롯한 미국의 방위 공약에 관한 불신을 부추겨 한미동맹의 분열을 초래할 수 있다. 궁극적으로는 한반도 비핵화 가능성에 관한 회의감과 비관론을 고착화시켜 북한이 추구하는 핵보유국 지위를 인정해주는 결과로 이어지기 때문이다. 더 나아가 북한 정권에 핵무장이 진정으로 한반도에서 정치적·군사적 우위를 제공할 것이라는 '위험한 자신감'을 심어주고 한국과 국제사회를 상대로 더욱 자신 있게 도발을 일으키는 배경으로 작용할 위험성이 크다.[12] 한마디로 '이적(利敵) 행위'와 다름없는 짓이다!

핵무장은 외교적 협상 수단이 될 수 있는가?

지난 1980년대 서유럽에서 실시된 미군 핵미사일 배치 사례를 근거로 한국의 핵무장이 북한을 비핵화로 유도하기 위한 외교적 노력을 강화시킬 수 있다는 주장에도 오류가 있다. 1980년대에 미국과 소련이 유럽에 배치했던 중거리 핵미사일과 현재 북한이 자신들의 핵무기에 각각 부여하는 전략적 중요성에는 매우 큰 차이가 존재하기 때문이다.[13] 1980년대 서유럽 국가들에 SS-20과 그리폰 순항미사일, 퍼싱-2 탄도미사일은 치명적인 전략무기였지만, 이들을 보유하고 배치했던 미소 두 초강대국 입장에서는 수만 개가 넘는 자신들의 대규모 핵전력에서 불과 일부분만을 차지할 뿐이었다. 설령 이 무기들이 없더라도 미국과 소련은 ICBM을 비롯하여 여전히 남아 있는 수많은 장거리 핵전력으로 상대방에 대한 전쟁 억지 태세를 유지할 수 있었다. 이 때문에 미소 양국은 전쟁 억지 능력의 근본적인 약화를 걱정하지 않고 정치적 의지 여하에 따라 충분히 유럽에서 중거리 핵미사일을 폐기할 수 있었던 것이다.

그러나 북한 정권은 핵무기를 다른 무엇과도 대체할 수

없는 생존 보장 수단, 최우선 전략무기로 규정하는 입장이다. 북한은 김정은의 3대 권력 세습이 이루어진 2012년 4월에 자신들이 '핵보유국'임을 명기하도록 헌법 서문을 개정했고, 김정은의 집권 후 처음 실시된 3차 핵실험으로부터 40여일 후인 2013년 3월 31일 조선로동당 중앙위원회 전원회의에서 '경제·핵무력 건설 병진(竝進) 노선'을 발표했다. 그리고 김정은은 2016년 5월 제7차 조선로동당 대회 중앙위원회에서 핵무장과 경제 건설의 병진 노선이 '항구적인 전략 노선'임을 선언했다.[14] 이는 핵무장이 자신들의 체제 생존과 불가분의 관계에 있으며, 외교적·경제적 타협의 대상이 될 수 없음을 강조한 것이다.

이러한 점을 고려할 때, 단순히 한국이 독자적으로 핵무기를 개발하거나 미군 핵무기를 한국 영토에 재배치한다고 해서 북한이 자신들의 핵무장 능력 전체를 순순히 한국 및 국제사회와 협상할 대상으로 인정하고, 비핵화에 동의할 것이라는 기대는 지극히 비현실적이다. 오히려 북한은 한국의 핵무장을 자신들의 핵무기 보유를 정당화·공고화하는 데 적극 이용할 것임에 분명하다.

이뿐만 아니라 북한에 대한 비핵화를 요구하는 한국과 국제사회의 외교적 노력은 정당성을 상실할 것이다. 이는 그동안 북한의 핵무장과 관련 도발에 맞서 한국과 국제사회가 부

과해온 다수의 외교적·경제적 제재 조치가 그 근거를 잃게
될 것임을 뜻한다. 무엇보다 북한에 대한 외교적·경제적·군
사적 영향력이 큰 중국과 러시아를 국제사회의 한반도 비
핵화 노력에 동참시키는 것을 더 이상 기대할 수 없게 될
것이다.

중국과 러시아는 방어용 요격 무기인 THAAD를 한국 영
토에 배치하는 것조차 자신들에 대한 군사적 위협이라고 주
장하며, 북한의 핵무장 못지않게 어쩌면 그 이상으로 반발하
고 있다. 이러한 중국과 러시아의 태도로 미루어 본다면, 한
국의 핵무장은 이 두 강대국이 북한의 비핵화를 위한 외교적
노력에 협조하도록 유도하기는커녕, 도리어 그들과 북한의
외교적·군사적 공조와 단결을 더욱 강화하는 결과로 이어지
면서 한국에 대한 안보 위협을 가중시킬 것으로 우려된다.

요컨대 한국의 핵무장은 결코 북한을 비핵화로 유도하거
나 이에 필요한 국제사회의 노력을 촉진 및 강화하기 위한 외
교적 협상 수단이 될 수 없다. 그 반대로 한반도 비핵화를 위
한 외교적인 노력을 파탄내거나 종식시키고, 북한이 요구하
는 '항구적 핵보유국' 지위를 공고화하는 데 악용될 뿐이다.

'조건부 핵무장론'의 허와 실

앞서 설명했듯이, 오늘날 한국 내부에서는 핵무장을 적극

요구·찬성하는 주장들이 주요 언론, 학계, 정치권을 통해 이전보다 공개적으로 제기되고 있는 추세다. 핵무장을 주장하는 이들은 "북한의 핵무기가 존재하는 상황에서 스스로를 지키기 위한 한시적인 조치일 뿐이며, 북한이 핵무기를 포기한다면 한국도 즉시 핵무기를 폐기할 것"이라고 강조한다. 말하자면 한국은 북한처럼 핵무장 자체에 집착하려는 의도가 없으며, 단지 북한이 보유한 핵무기에 대등하게 맞서서 북한을 비핵화하는 데 앞장서겠다는 것이다. 국제사회의 더 적극적인 조치를 유도·확보하기 위한 수단으로 핵무장을 추구할 뿐이라는 입장이다. 이른바 '조건부 핵무장론'을 주장한다.

그러나 이러한 조건부 핵무장론은 여러 측면에서 문제점을 갖고 있다. 먼저 이를 주장하는 측의 실제 의도와는 무관하게 국제사회로부터 지지를 기대하기 어렵다. 핵무기를 개발·보유하려는 국가라면 얼마든지 자기네 명분을 정당화하는 데 악용할 수 있는 논리기 때문이다. 만약 일본이 똑같은 논리를 앞세워서 핵무장을 하겠다고 나서면, 과연 한국은 이를 용인할 수 있을까? 북한의 경우 "세계가 비핵화되기 전에는 조선반도의 비핵화가 불가능하다"라고 주장한다. 언제 이루어질지 아무도 모르는 '세계의 비핵화'를 조건으로 내세워 자신들의 핵무기를 포기하지 않겠다는 속셈이나 다름없다. 한국에서 주장하는 조건부 핵무장론도 국제사회에서 비슷하게 취급받을 가능성이 충분하다.

그뿐만 아니라 조건부 핵무장론을 포함하여 한국 내부에서 제기되는 공개적인 핵무장 요구는 그나마 정당하게 진행되고 있는 한국의 원자력 관련 활동 발전에도 악영향을 가져올 것이다. 특히 한국 스스로 경제적 필요를 충족시키기 위한 핵연료의 독자적인 공급 능력 확보, 즉 사용후핵연료의 재처리 및 우라늄 농축에 관한 연구 개발을 촉진하려는 노력마저 핵무장과 연관성을 의심받으면서 지연·방해받을 구실을 제공할 것이다.[15]

이에 대해 NPT 등 국제적인 대량살상무기 비확산 질서의 구속을 받지 않고 핵무장 능력을 확보한 이스라엘, 독자적인 재처리 및 농축 시설을 통해 대규모 무기급 핵물질을 생산·비축하고 있는 일본의 사례를 들어 "한국이 원자력 부문에서 부당한 제약과 차별 대우를 받고 있다"는 주장을 할 수도 있을 것이다. 하지만 이것은 '절반의 진실'일 뿐이다. 이스라엘과 일본이 국제사회로부터 자신들의 잠재적인 핵무장 능력 확보를 인정받기 위해 어떠한 노력을 기울였는지에 대해서는 간과하고 있기 때문이다.

한때 NPT의 일원이었으나 핵무장을 위해 탈퇴했던 북한과는 달리 이스라엘은 애초부터 NPT에 가입한 적이 없

플루토늄 생산능력을 보유한 이스라엘의 디모나 원자로(위)와 일본 로카쇼무라의 핵연료 재처리 시설(아래). 핵무장 의도를 공개적으로 드러내지 않으면서 핵무장에 필요한 기술적 잠재력을 확보해낸 역설적인 사례다.

다. 지금까지 핵무기를 보유했다고 공식 인정하거나 핵보유국으로서 특수 지위를 요구한 일도 전혀 없다. 공개적으로 핵실험을 실시하지도 않았다. 자신들의 핵무장 여부에 대해 "확인도, 부인도 하지 않는다(NCND: Neither Confirm Nor Deny)"는 정책상의 모호성을 철저히 유지하고 있는 것이다.[16] 일본 역시 '세계 유일의 핵무기 피폭(被爆) 국가'라는 특수성을 강조하고 지금으로부터 50년 전인 1967년부터 "핵무기를 제조·보유·반입하지 않는다"는 '비핵 3원칙(非核三原則)'을 발표, 실천해왔다. 이를 통해 일본은 국제사회의 의구심을 해소하고, IAEA 안전조치협정을 비롯한 국제적인 대량살상무기 비확산 질서의 범위 내에서 단기간 내에 핵무장을 실현하는 데 필요한 기술적 잠재력의 확보를 인정받을 수 있게 된 것이다.[17]

이에 비해 한국 내 일각의 '조건부 핵무장론'은 핵무장 의도를 공공연히 강조함으로써 국제사회의 의심과 경계를 자초하는 어리석음을 저지르고 있다. 자신들의 애국심을 과시하기에는 좋겠지만 실제로 핵무장을 성공시키거나 이에 필요한 기술적 역량을 확보하는 데 전혀 도움이 되지 못하고 오히려 방해가 될 뿐이다. 요컨대 한국이 핵무장 의도를 강력히 드러낼수록 핵무장의 실현 가능성은 더욱 낮아지는 역설이 발생하는 것이다.

핵무장이 가져올 전략적 불이익들

오히려 핵무장은 한국에 정치, 외교, 경제 전 분야에 걸쳐 치명적인 전략적 불이익을 가져올 우려가 높다. 가장 먼저 예상할 수 있는 문제는 바로 경제적 타격이다. 만약 한국이 핵무장을 결심한다면, NPT를 비롯하여 그동안 한국이 참여해왔던 국제적인 대량살상무기 비확산 질서의 관련 조약과 규범으로부터 탈퇴하는 것이 불가피하다. 이 경우 한국의 핵무장 추진은 UN 안전보장이사회에 의제화될 것이며, 한국에 대한 국제적인 제재가 결정될 가능성이 매우 높다. 그 결과 세계 무역, 금융, 투자 부문에서 한국이 설 자리는 빠른 속도로 줄어들 것이다. 그뿐만 아니라 그동안 미국 등 주요 원자력 선진국들로부터 수입의 대부분을 의존해 온 핵연료 등 원자력 발전 시설들을 운영하는 데 필요한 각종 자원, 장비들의 공급도 전면 중단될 것이다.[18] 이들 모두가 한국이 NPT를 준수한다는 전제 아래 제공받아왔던 것이기 때문이다.

한국 경제에서 무역 등의 대외 교역과 원자력발전이 차지하는 비중을 고려하면 이러한 국제사회의 경제적 제재는 한국에 재앙에 가까운 피해를 야기할 수밖에 없다. 이는 단기간 내에 수출 급감, 외국 자본의 투자 철회 및 유출, 국가신용도 추락을 포함하는 국부(國富)의 심각한 하락, 그리고 원사력발전의 운영 능력 저하에 따른 전력 공급 부족 현상 등으로 가시화될 것이다. 동시에 한국은 지난 2010년의 G20 정상회의, 2012년의 핵안보 정상회의 등을 통해 획득했던 '국제사회의 신흥 지도국가'로서 신뢰와 지지를 상실하고 문제 국가로 낙인찍힐 것이다.

한국의 핵무장으로 인해 발생할 수 있는 또 다른 전략적 불이익은 미국과 동맹 관계가 약화되거나 파탄·종식될 가능성이다. 이는 미국이 지난 수십 년 동안 국제적인 대량살상무기 비확산 질서의 유지·강화를 강조하고 있다는 점에 근거를 둔다. 세계 제1의 강대국으로서 미국은 핵무기를 비롯한 대량살상무기를 새로이 개발·확보하려는 국가가 등장하는 것을 경계한다. 자신들의 패권적 지위를 위협하는 것을 예방하겠다는 확고한 의지다. 이는 한국을 비롯한 우방국·동맹국들에도 결코 예외가 아니다.

이미 한국은 지난 1970년대 박정희 당시 대통령의 주도 아래 비밀리에 추진했던 독자 핵무기 개발 계획으로 미국과 사상 최악의 정치적·외교적 갈등을 경험한 바 있었다. 과거 한국 핵물리학자들이 수행했던 소규모 플루토늄 추출, 우라늄 농축 실험의 존재가 뒤늦게 국제사회에 신고된 2004년에도 미국은 해당 사건을 UN 안전보장이사회에 회부해야 한다는 강경한 입장을 나타냈다. 당시 미 국무성의 존 볼턴 군축·국제안보 담당 차관도 "IAEA 안전조치협정을 위반한

국가에 대해 이중 잣대를 적용하지 않을 것"이라고 밝혀 이
를 뒷받침했다.[19]

2016년 11월 미국에서 공화당의 도널드 트럼프가 제45대
대통령으로 당선되자, 한국 내부에서는 트럼프의 취임 이후
미국이 한국의 핵무장을 용인할 가능성에 기대감을 나타내
는 이들도 있었다. 이는 트럼프가 선거 당시 '미국 우선주의
(America First)'라는 표어 아래 우방국·동맹국들에 대한 방위
공약 축소를 비롯한 대외 외교·군사 개입의 재조정을 주장
했던 것에 근거한 것이었다. 심지어 트럼프는 "일본, 한국 등
이 미군 주둔에 관한 기여를 확대하지 않는다면 그들은 미
국의 도움 없이 스스로를 방어해야 할 것이다"라고 말하며
핵무기의 개발을 허용할 가능성까지 암시했다.[20] 그러나 이
러한 주장은 트럼프가 소속한 공화당 내부에서조차 비판받
아 결국 트럼프는 이를 철회해야만 했다.

만약 한국이 핵무장을 결심하고 이를 공개적으로 추진한
다면 미국은 한국에게 치명적인 타격을 가할 수 있는 여러
정치적·외교적·경제적 조치들을 차례로 실천에 옮길 것이
다. 여기에는 국제적인 제재에 동참하여 한국의 경제와 원
자력발전을 위태롭게 하는 것뿐만 아니라 동맹국으로서 한
국에 제공해왔던 안보 공약을 약화 또는 포기할 가능성까지
포함한다. 즉 주한미군의 감축 및 완전 철수, 핵우산의 철회

등이 현실화될 수 있는 것이다.

혹자는 북한이 핵무장을 고수하는 상황에서도 여전히 중국과 러시아로부터 체제 생존을 위협받지는 않고 있는 사례를 들어, "미국도 결국 한국의 핵무장을 용인해줄 것"이라고 주장할지도 모른다. 하지만 이는 착각에 불과하다. 중국과 러시아에는 북한을 대신할 수 있는 지정학적 거점 세력이 없지만, 미국에는 지정학적으로 한국의 역할을 대체할 수 있을 뿐만 아니라 더 강력한 우군(友軍)이 존재하기 때문이다. 바로 일본이다. 다시 말해 미국은 일본의 군사력 강화를 용인하거나 지지하고 그동안 자신들이 한반도에서 행사했던 정치적·군사적 영향력을 일본에게 넘겨주는 방식으로도 한국의 핵무장에 불이익을 강요할 수 있다. 요컨대 한국의 핵무장은 미국과 일본이 '제2의 가쓰라-태프트밀약'을 맺는 결과로 이어질 것이다.

정리하자면 만약 한국이 핵무장을 결심하고 이를 공개적으로 추진한다면 한국은 경제적인 파탄, 외교적 고립, 미국과 동맹 관계 붕괴 등에 맞닥뜨릴 것이 뻔하다. 그 여파로 북한과 중국, 러시아에 의한 예방전쟁 도발 위험성 상승과 같은 전방위적·전략적 재난에 직면할 것이다. 무엇보다 큰 문제는, 한국이 핵무기의 개발·생산·배치를 완료하기 한참 전에 이러한 모든 재앙적 상황들이 현실화될 위험성이 매우 높다는 점이다.

핵무장=영구 분단

설령 한국이 모든 어려움을 극복하고 핵무기의 독자 개발·확보에 성공하거나 미군의 핵무기를 재배치한다고 해도 한국은 값비싼 대가를 치러야 할 것이다. 한국의 핵무장은 북한에 더 이상 비핵화를 요구할 근거를 없앨 것이며 지난 1990년대부터 한국과 국제사회가 추구해왔던 한반도 비핵화는 '돌이킬 수 없는 실패'로 귀결될 것임에 분명하다.

동시에 '평화적 방법에 의한 한반도 통일'이라는 7,000만 한민족의 염원도 불가능해지고 남북한은 영원히 분단 상태에 놓일 것이다. 그것도 미국-캐나다, 독일-오스트리아, 호주-뉴질랜드와 같은 우호적인 공존이 아니라 역시 핵무장국인 인도-파키스탄처럼 정치적·군사적 분쟁과 전쟁의 공포가 끊임없이 계속되는 적대적인 병존 상태를 벗어나지 못할 것이다. 그 결과 한반도는 두고두고 아시아·태평양 지역의 평화와 안전을 위협하는 근심거리로 남을 위험성이 크다.

한국의 핵무장은 다음 2가지 조건 아래서만 비로소 그 정당성을 인정받을 수 있다. 첫째, 미국을 비롯한 국제사회가 북한이 요구하는 핵보유국 지위를 인정하는 경우다. 이는 '한반도 비핵화'라는 기존의 정책 목표를 공식적으로 포기하는 것이다. 북한이 핵무기를 보유하는 상태에서도 외교적·경제적 제재 없이 정상적인 국제 관계를 영위할 수 있도록 인정함은 물론 미국과 북한 양측의 정치적·군사적 적대 관계도 종식됨을 뜻한다. 그리고 둘째, 미국이 한국에 핵우산을 제공하기 위한 군사적 능력, 정치적·외교적 의지를 상실하는 경우다. 이 두 상황은 NPT로 대표되는 지난 수십 년 동안의 국제적인 대량살상무기 비확산 질서, 그리고 6·25전쟁 이래 한국의 국가 안보에서 핵심 비중을 차지해온 미국과의 동맹이 무력화됨을 의미한다. 따라서 한국이 핵무장을 추구한다고 해도 미국과 국제사회가 이를 반대·비판하거나 제재를 가할 명분과 근거는 사라지게 될 것이다.[21]

그러나 이러한 상황이 현실화된다고 해도, 한국의 핵무장은 결코 북한 핵무기의 안보 위협을 근본적으로 해결해주는 '최선'이 될 수 없다. 단지 한국이 핵무기를 보유한 북한으로부터 정치적·군사적으로 절대적인 열세를 강요당하는 '최악'을 막기 위한 '차악'에 불과할 뿐이다.

제4장 정책 대안

    지금까지 살펴보았듯이, 한국의 핵무장은 이를 요구·지지하는 측에서 기대하는 정치적·외교적·군사적 효과를 제공할 가능성이 희박하다. 다시 말해 핵무기를 비롯한 북한의 군사 위협에 대해 억지력을 실질적으로 강화하거나 북한을 비핵화로 유도하기 위한 외교적 노력에 도움이 되지 못할 것이다. 오히려 북한의 핵보유를 돌이킬 수 없게 만들 뿐만 아니라 한국에 경제적인 파탄, 미국과 동맹 관계 붕괴, 외교적 고립을 비롯한 여러 전략적 불이익을 가져올 것이다. 아울러 한국의 핵무장을 명분으로 중국과 러시아가 북한과의 정치적·군사적 연대를 한층 강화함으로써 아시아·태평양 지역에서 지정학적 갈등은 더욱 악화될 것이다. 이 모두는 한반도의 평화와 안전에 기여하기는커녕 오히려 위태롭게 만드는 결과만을 초래할 뿐이다.

그럼에도 불구하고 한국이 갈수록 양적·질적으로 심화되고 있는 북한의 핵무장 위협에 맞서기 위해 억지·방위 전략과 이를 뒷받침할 군사력을 조속히 개선·발전시켜야 할 필요성은 명백하다. 이는 미국 핵우산 공약의 효과에 회의적인 한국 내부의 우려를 해소하고, 북한이 핵무장의 정치적·군사적 효과를 과신하여 한국과 국제사회를 상대로 이전보다 강도 높은 군사 도발을 더욱 빈번히 일으킬 가능성을 예방하기 위해서다. 단지 현재로서는 가능하지도 바람직하지도 않은 핵무장보다 현실적이면서 실효성 있는 조치가 요구되는 것이다. 그 방안은 과연 무엇인가?

핵우산의 제도적 구속력 강화

그동안 미국의 핵우산 제공은 한미 양국 간의 조약이 아닌 미국의 자발적·일방적 선언에 의거한 것이었다. 그렇기 때문에 법적·제도적으로 한국에 핵우산 제공을 보장하기 위한 구속력이 부족하다는 비판을 받아왔다.[1] 다시 말해 한반도 유사시 미국 정부가 핵전쟁으로 확전할 가능성에 따른 정치적·외교적 부담, 미국 내부의 반전(反戰) 여론 등을 이유로 핵우산 제공을 실행하지 않을 위험성을 배제할 수 없는 것이다. 이는 한국 내부에서 미국의 핵우산에 대한 불신을 높이는 요인이 되어왔다.

이러한 한계를 극복하기 위해 한미 양국은 최근 수년 동안 핵우산을 제도적으로 뒷받침할 수 있는 노력을 기울여 왔다. 먼저 2011년부터 한국 국방부 정책실장, 미 국방성 부차관보가 참여하는 '확장억제정책위원회(EDPC: Extended Deterrence Policy Committee)'를 설치했고, 2015년 4월부터는 이를 '미사일대응능력위원회(CMCC: Counter Missile Capability Committee)'와 통합한 '억제전략위원회(DSC: Deterrence Strategy Committee)'를 운영 중이다. 2016년 10월에는 한미 양국의 외교·국방장관 회의(일명 2+2 회의)에서 '확장억제전략협의체(EDSCG: Extended Deterrence Strategy and Consultation Group)'의 신설이 확정되었다. 한미 외교·국방 분야의 차관급 당국자가 참여하여 핵우산 등 확장억지 전력의 종류와 동원 시기 등을 논의하고 양국의 외교·국방장관에게 전달하기 위한 것이다.[2] 그러나 이 기구들은 자문·협의에 기능이 국한되어 있다는 점에서 여전히 한계를 갖는다.

이 문제를 해결하기 위해 한국은 핵우산 제공이 미국의

일방적 의지와 선언에만 의존하는 것이 아니라 한국의 군사 안보상 필요와 의사를 반영하여 실행되도록 보장하는 제도적 장치를 마련해야 한다. 여기서 참고할 만한 사례가 바로 미국과 유럽 국가들로 구성되는 북대서양조약기구(이하 NATO)의 '핵공유(nuclear sharing)' 체제다.

NATO의 핵공유 체제는 다음 2가지로 구분된다. 첫째, 미국이 비핵 동맹국들의 영토에 핵무기를 배치하고 유사시 이 동맹국들의 군용 자산(항공기 등)으로 핵무기를 탑재·운용하는 '물리적 핵공유'다. 현재 미국이 유럽 기지에 공대지 폭탄 형태의 단거리 핵무기 150개를 배치하고 있는 것도 물리적 핵공유의 일환이다. 둘째, 유럽에 대한 미국의 핵 억지 전략을 계획·결정하는 과정에서 미국뿐만 아니라 유럽의 나머지 동맹 당사국들도 참여할 수 있는 기회를 제공받는 '제도적 핵공유'다. 이를 위해 NATO는 1966년부터 회원국들의 국방장관이 참가하는 '핵기획그룹(NPG: Nuclear Planning Group)' 을 설치·운영하고 있다.[3]

이 가운데 물리적 핵공유는 미군 핵무기를 한국 영토에 재배치하는 것을 전제로 하는 것인데 이는 한미 양국 정부가 견지하는 한반도 비핵화 원칙과 어긋날 수밖에 없다. 따라서 한국은 제도적 핵공유를 선택하는 편이 더 바람직하다. 다시 말해 한미 양국이 유사시 한반도에서 미군 핵무기를 동원하는 조건·수단·방식 등을 비롯하여 핵우산의 기획과 실행에 함께 참여하는 상설 기구를 설치·운영하고 국방장관 차원에서 공동으로 의사결정권을 행사하도록 제도화해야 하는 것이다.[4]

아울러 한미 양국은 한반도 유사시 핵우산 동원에 관한 조건, 목적, 전력의 구조 및 규모, 그리고 표적 선정 등의 사항을 포함하는 공식적인 연합 핵 억지 전략을 작성해야 한다. 이러한 미국과 제도적 핵공유 체제 정립은 굳이 한국 영토에 핵무기를 배치하지 않더라도 평·전시에 한국의 필요에 따라 미국의 핵우산이 동원될 수 있게끔 보장하여 핵우산의 신뢰성을 높이고 전쟁 억지에 기여할 것이다. 오늘날 세계 어느 지역보다 핵무기의 안보 위협이 가중되고 있는 한반도 상황을 고려할 때, 한국은 동맹 미국에 이러한 수준의 핵우산 공약 강화 및 제도화를 요구하기에 충분한 근거를 갖고 있다. 미국도 한국 내부에서 제기되는 핵무장 요구를 불식시키기 위해서라도 이를 적극 수용해야 마땅할 것이다.

핵우산 동원 능력의 유지·발전

미국은 2004년부터 한반도에서 3,000킬로미터 이상 떨어진 서태평양의 괌에 핵무기 탑재·투하 임무를 수행하는 B-52와 B-2 '스피릿' 스텔스 폭격기를 정례적으로 순환 배치하고 있다. 한반도까지는 출격 후 3~5시간 만에 도달할 수 있으며 미국 본토에서 출격하는 것보다 최대 10시간 단축이 가능한 거리다. 아울러 2014년에는 척당 20개의 핵 장착 탄도미사일을 탑재·발사하는 미 해군 원자력전략잠수함들이 연간 항해 임무의 60퍼센트를 아시아·태평양 지역에서 수행했다.[5] 이는 한반도 유사시에 핵우산 제공 임무를 수행하는 데 최우선으로 동원될 수 있는 전력이다.

한반도에서 핵무장 능력에 바탕을 둔 북한의 정치적·군사적 도발을 억지·격퇴하기 위해 미국은 일정 규모의 핵전력이 한반도에 상시 동원될 수 있도록 대비 태세를 유지·발전시킬 필요가 있다. 구체적으로는 핵무기 탑재·투하 임무를 수행하는 약 60대의 장거리 전략폭격기 가운데 최소 5~10대, 14척(태평양 지역에 배치된 8척 포함)의 원자력전략잠수함 가운데 최소 1척에 해당한다. 해당 전력은 괌이나 오키나와를 비롯한 아시아·태평양 지역의 미군 기지에 전진 배치되거나 한반도와 주변 해·공역에 정례적으로 전개되어야 할 것이다.

이를 통해 미국은 북한 정권에 한반도 유사시에 핵우산의 존재를 신속히 가시적으로 확인시키고 핵무기를 사용할 경

2016년 11월, 서태평양의 괌 미군 기지를 방문한 한국군 합동참모의장. 주한미군 사령관의 기자회견 당시 등장한 미 해군 원자력전략잠수함. 한반도 유사시에 핵우산을 제공하기 위한 주요 전력들 가운데 하나다.

우에는 압도적인 핵 보복을 통해 반드시 파멸될 것임을 보장해야 한다. 정치적·군사적 도발을 시도하려는 북한의 능력과 의지를 분쇄할 수 있는 최선의 역량을 발휘해야 하는 것이다. 바로 이 점에서 북한의 6차 핵실험으로부터 약 10여 일 후인 2017년 9월 21일 문재인 한국 대통령과 트럼프 미국 대통령이 "한국과 주변 지역에 대한 미군 전략자산의 순환 배치 확대"에 합의한 것은 매우 바람직한 결정이다. 핵우산 제공 능력과 직결되는 미국의 전략무기들이 한반도와 주변 해·공역에 전개되는 주기를 단축시키고 더 자주 동원될

수 있도록 보장하여 북한의 핵무장 위협에 대한 억지 효과를 극대화하는 데 기여할 것이기 때문이다.[6]

비핵 전략무기의 확충

한국은 북한의 핵무장 위협에 맞서기 위한 독자적인 대안으로서 비핵(非核) 전략무기의 확보와 발전을 더 가속화할 필요가 있다. 이들은 북한 핵무기의 지휘 통제 및 관리시설과 탑재·발사 수단을 감시·추적하는 광역 정보수집자산, 북한의 핵무장 능력을 파괴·제거하는 장거리 정밀유도무기, 그리고 북한의 핵 공격을 요격하는 고도화된 방공 전력 등으로 구성된다. 현재 국산 탄도미사일의 사거리를 최대 800킬로미터까지 연장시켜 휴전선 이남의 한국 영토 어디서든 북한 영토 전체를 공격할 수 있는 능력을 확보하고 지상·수상·수중·공중의 다양한 탑재 수단을 통해 운용될 수 있는 탄도·순항미사일의 생산 및 배치 수량을 대폭 확충하고 있는 것도 이러한 노력을 뒷받침하기 위한 것이다.[7]

2017년 11월 29일 북한이 ICBM급 화성-15형 장거리 탄도미사일을 시험 발사하자, 한국군은 불과 1분 만인 새벽 3시 18분에 조기경보 레이더, 공군 항공통제기 등 육·해·

공의 정보수집자산을 통해 이를 탐지해냈으며 6분 후인 3시 23분부터는 육군의 탄도미사일과 해군의 함대지 순항미사일, 그리고 공군의 중거리 유도폭탄이 동원된 합동 정밀타격 훈련을 실시했다. 이는 한국군이 북한의 대량살상무기 위협에 맞서 신속히 응전·반격할 수 있는 능력을 확보·발전시키고 있음을 입증했다는 점에서 큰 의미를 갖는다.[8]

주목할 점은 한국 국방 당국이 유사시 억지 및 방위 전략에서 북한의 정치·군사 지도부를 직접 겨냥하는 반격과 응징 비중을 이전보다 강조하고 있다는 사실이다. 북한의 5차 핵실험 직후인 2016년 9월, 국방부는 '한국형 대량응징보복 (KMPR: Korea Massive Punishment & Retaliation)'으로 명명된 전략을 발표했다. 북한이 한국에 핵무기를 사용하거나 이를 준비하려는 명백한 징후가 나타날 경우, 탄도·순항미사일과 특수전 부대 등 각종 타격 수단을 동시에 대규모로 운용하여 북한의 정치·군사 지도부를 제거·무력화한다는 개념이다.[9] 이는 탄도미사일을 중심으로 북한이 다수 보유하고 있는 대량살상무기 탑재·발사 수단을 일일이 찾아내어 파괴하는 기존의 '킬 체인(Kill Chain)' 개념보다 더욱 공세적인 성격을 갖는다. 북한의 핵무기 사용 여부를 직접 결정하는 소수의 정치·군사 지도부를 제압함으로써 북한 핵전력의 체계적인 운용 능력을 신속히 교란·약화시킬 수 있음을 과시한다.

김정은을 비롯한 북한 정권에 군사 도발로 인한 전략적 부
담을 극대화하여 억지 효과를 강화할 수 있다는 평가를 반

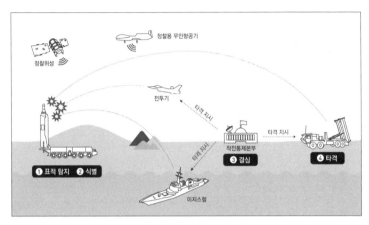

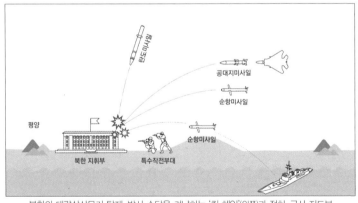

북한의 대량살상무기 탑재·발사 수단을 겨냥하는 '킬 체인'(위쪽)과 정치·군사 지도부
를 제압하기 위한 '한국형 대량응징보복 전략'(아래쪽). 출처: 국방부, 『2016 국방백서』,
서울: 국방부, 2016, 59~61쪽.

영한 결과다.[10]

미사일 방어의 경우 한국은 2000년대 후반부터 '한국형 미사일 방어체계(KAMD: Korea Air & Missile Defense)'를 구축 중이다.[11] 이는 50킬로미터 이하의 저고도에서 단 1회의 요격 기회만을 제공할 수 있는, 미국제 패트리어트(PAC-2/3) 단거리 지대공미사일 등으로 구성되는 하층 방어 능력을 중심으로 한다. 대량살상무기(특히 핵무기)를 장착한 북한의 탄도미사일 위협으로부터 한국 영토를 효과적으로 방어하기 위한 기술적 신뢰성을 확보하기에는 결코 충분치 못한 수준이다.

따라서 한국의 미사일 방어 능력은 100킬로미터 이상의

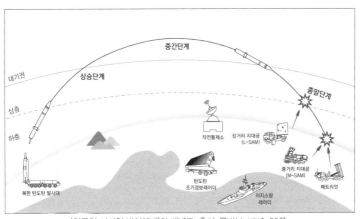

'한국형 미사일 방어체계'의 개념도. 출처: 국방부, 2016, 60쪽.

중·고고도를 포함하여, 최소 2회 이상의 요격 기회를 제공할 수 있는 다층(multi-layered) 방어 능력을 지향하는 방향으로 발전되어야 한다.[12] 이미 한국은 2016년 국산 중거리 지대공미사일 '천궁'에 탄도미사일 방어 능력을 추가한 개량형 요격미사일 개발에 성공했다. 요격 범위가 중·고고도까지 연장된 신형 장거리 지대공미사일(L-SAM)의 개발도 오는 2020년대 중으로 완성한다는 목표 아래 진행 중이다. 미 육군의 THAAD 장거리 요격미사일을 주한미군에 배치하도록 결정하고 북한의 6차 핵실험 직후인 2017년 9월 7일 경상북도 성주에서 THAAD 1개 포대의 임시 배치를 완료한 것도, 북한의 탄도미사일에 의한 대량살상무기 위협에 맞서 다층 방어 능력을 시급히 구축해야 할 필요성을 반영한 결과였다.[13]

하지만 다층 방어 능력의 확보를 위한 선택을 특정 무기 체계, 즉 미국제 THAAD로만 국한시킨 것은 재고의 여지가 있다. 현재까지 THAAD의 배치를 놓고 계속되고 있는 국내외의 논란에서도 드러나듯이 자칫 '북한 탄도미사일 위협에 대한 방어 능력 확보'라는 본질이 '미국 대 중국'이라는 정치적·외교적 논란으로 왜곡·변질될 위험성이 크기 때문이다. 2016년 7월 THAAD 배치 결정 이후 중국이 이를 "핵심적인 국가 이익에 대한 침해"로 규정하여 반발하고 자국

주한미군에 배치된 미 육군의 THAAD 요격미사일(왼쪽)과 이스라엘의 '애로우' 요격미사일(오른쪽). 북한의 탄도미사일 위협에 대한 다층 방어 능력을 제공할 수 있는 대안으로 평가받는다.

시장에 진출한 한국 기업과 한국의 일부 산업 부문(관광, 대중문화, 소비재, 유통 등)을 대상으로 노골적인 불매 및 제한 조치를 가하면서 한중 양국 간 갈등이 심화된 것이 그 증거다.[14] 비록 이러한 중국의 횡포는 결코 정당화될 수 없는 일이지만 한국이 다층 방어 능력을 확보하는 데 군이 THAAD만을 고집하지 않았다면 충분히 예방할 수 있는 불상사였다.

따라서 가능하다면 북한의 탄도미사일 위협에 맞서기 위한 다층 방어 능력을 확보·발전시키는 동시에 그로 인한 외교적 위험 부담을 해소·최소화할 수 있는 방안을 모색해야 한다. 이를 위해 THAAD와 동급 이상의 요격 능력을 제공할 수 있는 비(非)미국제 요격미사일도 선택에 포함시키는 방안을 검토할 필요가 있다. 구체적으로는 역시 한국과 비슷한 수준의 탄도미사일 위협을 전제로 개발·제작되었으며 이미 실전 배치되어 기술적으로도 검증된 이스라엘의 '애로우' 지대공미사일이 대표적인 사례가 될 수 있을 것이다.

한편으로는 미국이 아시아·태평양 지역에 배치하고 있는 재래식무기 가운데 한반도에서 전쟁 억지와 직결되는 임무 수행이 가능한 일부를 한국 영토에 상시 또는 수개월 단위로 순환 배치하는 것도 적극 추진할 필요가 있다. 이는 북한의 핵무장 위협이 양적·질적 측면에서 모두 심화되고 있는 현재, 미국의 더 강화된 방위 공약 이행 능력과 의지를 가시적으로 입증하여 북한이 핵무장 능력을 기반으로 정치적·군사적 도발의 빈도와 강도를 높이려는 시도를 거부·분쇄하는 데 기여할 수 있다. 아울러 한국 내부에서 제기되는 핵무장 요구를 불식시키는 역할도 해낼 수 있을 것으로 기대된다.

구체적으로는 레이더를 비롯한 적 방공 전력을 무력화할 수 있는 미 공군의 F-22 '랩터', F-35 '라이트닝-Ⅱ' 스텔스 전투기, 또는 미 해군의 이지스 구축함 등이 검토 가능할 것이다.[15] 북한에 대한 기습적인 정밀 타격 임무를 수행하거나 북한의 탄도미사일을 해상에서 요격하는 능력을 제공할 수 있기 때문이다. 일각에서는 더 강력한 화력을 갖춘 항공모함, 장거리 폭격기, 원자력잠수함 등의 한국 배치를 주장하기도 하지만 이것들은 본질적으로 장거리 기동을 위한 대형 무기 체계다. 그래서 한국 영토에 전진 배치될 경우 오히려 북한의 공격권 내에 노출되어 생존성이 약화되는 불리한 조건을 강요받을 우려가 높다. 이뿐만 아니라 THAAD 배치를 둘러싼 논란에서 드러났듯이 중국과 외교적 갈등을 악화시켜 한국이 곤란한 입장에 놓일 위험성을 배제하기 어렵다. 따라서 한국에 필요한 군사적 효과를 제공하는 동시에 외교적 부담을 최소화할 수 있는 스텔스 전투기, 이지스 구축함 등이 더 적합한 선택으로 평가된다.

이러한 비핵 전략무기의 증강 노력에 대해 혹자는 "어떠한 재래식무기도 핵무기의 압도적인 파괴·살상 능력에 동등하게 맞설 수는 없다"는 논리로 군사적 가치를 평가절하할지도 모른다. 그러나 이는 한국의 비핵 전략무기 확보와 운용이 미국의 핵우산을 대체하는 것이 아니라 핵우산과 병행하여 이루어지는 것이라는 사실을 간과한 주장이다.[16] 다시 말해 "킬 체인과 KAMD가 있으니 핵우산은 없어도 괜찮다"는 뜻이 결코 아닌 것이다.

만약 북한의 핵무장 위협에 맞서는 것에만 골몰한 나머지 재래식 군사력보다 독자적인 핵무기 확보 또는 미국의 핵우산 공약만을 지나치게 강조한다면, 한국은 '평화, 아니면 핵전쟁'이라는 극단적인 양자택일만 가능한 상황에 놓일 수 있다. 북한과 사소한 군사 분쟁조차 핵전쟁으로 확대될지 모르는 위험에 직면하는 것이다. 북한은 핵무기 위협과 사용에 앞서 100만 명이 넘는 재래식 군사력, 화학·생물무기, 그리고 특수전 부대를 이용한 테러리즘 등을 내세워 다양한 유형 및 단계의 군사 도발로 한국을 괴롭힐 수 있다. 이럴 때마다 일일이 핵무기로 대응할 수는 없는 일이다.

핵무기에 대한 지나친 의존과 강조는 북한이 시도할 수 있는 다양한 군사 도발에 대해 한국의 정치적·군사적 선택의 폭을 좁게 한다. 게다가 유연하고 효과적인 대응을 방해함으로써 안보 취약성을 높이는 결과를 초래할 것이다. 다시 말해 핵무기가 '사용할 수 없는 무기'로 전락하는 역설이 발생하고 한반도 내 전쟁 억지 수단으로서 핵우산의 효과와 신뢰성마저 크게 떨어질 것이다.[17] 이는 오히려 한반도의 평화와 안전을 더욱 위태롭게 만들 것으로 우려된다.

비핵 전략무기는 한미 양국이 핵우산으로 북한에 대한 핵보복을 실시해야 하는 극단적인 상황이 발생하기 전에 북한이 핵무기를 사용할 수 있는 양적·질적 능력을 최대한 약화시키는 역할을 수행한다. 이는 북한이 한반도 유사시에 핵무기 사용을 실행 또는 위협하여 한국을 정치적·군사적으로 압도하려는 시도를 억제할 수 있다. 평·전시에 걸쳐 다양한 군사 도발을 시도하려는 의도를 거부·분쇄하는 데 효과적인 기제로 작용하여 전쟁 억지 달성에 기여할 것이다. 그리고 북한이 핵무기를 사용하는 최악의 경우에 맞서 핵우산이 김정은 등 북한 정권을 파멸시키기 위한 '결정적인 최후 보복' 수단으로 반드시 사용될 것임을 보장할 수 있다. 이를 통해 한반도에서 전쟁 억지와 승리를 위한 주도권을 한미동맹에 보장하는 확전우위(escalation dominance) 수단으로서 핵우산의 전략적 가치와 신뢰성을 높일 수 있다는 점에서도 매우 큰 가치를 갖는 것이다.

핵우산의 '대북 선제 불사용' 선언

핵무기의 '선제 불사용(NFU: No-First-Use)'이란 "적보다 먼저 핵무기를 사용하지 않는다"는 군사전략상 원칙 또는 방침이다. 다시 말해 핵무기는 오직 적의 핵 공격에 대한 반격과 보복 목적으로만 사용하고 군사 분쟁이 재래식무기의 사용으로만 한정되는 한 핵무기 사용을 배제할 것임을 뜻한다. 핵무기의 정치적·군사적 용도를 적의 전쟁 도발 특히 핵무기 사용 가능성을 예방 및 억지하는 것으로 최소화하는 다분히 방어적인 성격의 원칙으로 평가할 수 있다.

오늘날 핵무기의 선제 불사용을 공식적으로 채택하고 있는 국가는 중국과 인도가 대표적이다. 미국의 경우 NPT가 규정하는 비핵화·비확산 의무를 준수하는 국가에 대해서는 핵무기의 사용과 위협을 배제하는 '소극적 안전보장(negative security assurance)'을 천명하고 있으며 이를 근거로 북한은 소극적 안전보장의 대상이 아님을 명시한 바 있다. 또한 미국은 버락 오바마 전 대통령의 임기 마지막 해인 2016년에 핵무기의 선제 불사용 원칙을 공식 채택하는 방안을 검토하기도 했지만 정부 내부뿐만 아니라 동맹국들의 우려로 포기해야만 했다.[18]

한편 북한은 3차 핵실험 직후인 2013년 3월 31일에 제정된 「자위적 핵보유국 지위를 더욱 공고히 할 데 대하여」라는 법령에서 "적대적인 핵보유국(즉 미국)과 야합하여 침략, 공격 행위에 가담하지 않는 한 비핵 국가들에 대해 핵무기를 사용하거나 핵무기로 위협하지 않는다"라고 밝혔다. 3년 후인 2016년 5월의 제7차 조선로동당 대회에서는 김정은이 "적대 세력이 핵으로 자주권을 침해하지 않는 이상 먼저 핵무기를 사용하지 않을 것"임을 선언하기도 했다. 언뜻 북한도 핵무기의 선제 불사용 원칙을 채택한 것처럼 보일 수 있는 대목이다. 그러나 '핵무기를 이용한 자주권의 침해'라는 매우 모호하고 자의적인 전제 조건을 내세웠다는 점을 고려하면, 이는 진정한 의미에서 선제 불사용 원칙이라고 평가할 수 없다.

오히려 북한은 한미 양국의 정례적인 연합 군사훈련을 "핵전쟁 도발"이라고 일방적으로 주장하면서 군부, 관영 매체 등 다수의 명의로 여러 차례에 걸쳐 한국과 미국에 대한 "핵 선제 타격"을 공개적으로 위협한 바 있다.[19] 이러한 점들로 미루어 볼 때, 북한은 미국의 한반도 방위 공약 지속, 한국과 국제사회의 제재 등을 명분으로 얼마든지 핵무기의 선제 사용을 정당화할 수 있다는 의도를 드러낸 것이나 다름없다. 동시에 이는 미국과 동맹 관계인 한국도 평·전시를 막론하고 핵무기를 앞세운 정치적·군사적 위협 대상에 포함되어 있다는 북한의 노골적인 협박이다.

한미 양국은 한반도에서 핵우산의 실행 조건을 '북한의 핵 공격에 대한 반격'으로만 한정시키는 선제 불사용 원칙이 연합 핵전략의 근간임을 공식화해야 한다. 다시 말해 "핵우산은 북한의 핵무장 위협에 대한 억지·보복 수단의 역할만 수행하며 북한과 군사 분쟁이 재래식 군사력 대결만으로 한정되는 한 실행되지 않을 것"이라고 밝혀둘 필요가 있는 것이다. 더 나아가 이는 북한이 핵무장을 포기하고 비핵화를 실천한다면 한반도에서 핵무기가 사용될 가능성이 사실상 없어질 것임을 뜻한다.

혹자는 핵우산의 대북 선제 불사용 원칙이 한반도 유사시 선택의 폭을 좁히면서 북한에 정치적·군사적 주도권을 제약당하거나 미국의 안보 공약 약화로 비칠 가능성을 우려할지도 모른다. 그러나 필자는 동의하지 않는다. 한반도에서 미국이 북한보다 먼저 핵무기를 사용한다는 것은 북한의 오랜 선전대로 미국이 침략자거나 한미 양국의 방위력이 재래식 군사력만으로는 북한의 침략을 억지·격퇴하지 못할 정도로 형편없음을 인정한다는 의미기 때문이다. 이 모두 사실과는 전혀 거리가 멀다. 만약에 북한의 핵무기 사용 시도 및 능력을 신속히 제거·분쇄하기 위해 '선제공격(preemptive attack)'이 필요하다면 한국과 미국에는 굳이 핵무기가 아니더라도 이를 효과적으로 수행할 수 있는 첨단 재래식무기들(예를 들어 탄도·순항미사일, 스텔스 전폭기 등)이 충분히 존재한다.

한미 양국은 핵우산의 대북 선제 불사용 원칙을 통해 핵우산 공약이 한반도의 평화와 안전을 위한 방어적인 목적을 지향하고 있음을 국내외에 확인시키고 그 정당성을 인정받을 수 있어야 한다. 동시에 북한이 '미국에 의한 핵전쟁 위협'을 핑계로 핵무장을 고수하려는 명분을 약화·제거하여 북한에 대한 한국과 국제사회의 비핵화 요구에 힘을 실어주어야 할 것이다.

'조건부 비핵화' 노선의 채택

1991년의 「한반도 비핵화 선언」 이래로 한국의 비핵화 정책 노선은 '무조건적 비핵화(unconditional denuclearization)'로 특징지어질 수 있다. 북한이 아무리 핵실험, 무기급 핵물질의 생산 지속 등을 통해 핵무장을 계속하고 정치적·군사적 도발을 일삼더라도 핵무기의 개발·생산·배치·도입뿐만 아니라 핵연료의 재처리·농축까지 포기하는 기존의 비핵화 노선을 지속하겠다는 입장을 반복해온 것이다. 그러나 북한의 핵무장 위협이 지속·악화되는 현실 속에서 이러한 무조건적 비핵화 노선으로는 더 이상 국민들의 안보 불안 인식을 해소하기 어렵다. 갈수록 높아지고 있는 핵무장 요구와 주장을 불식시킬 수도 없을 것이다.

따라서 한국은 '조건부 비핵화(conditional denuclearization)'를 채택할 필요가 있다. 이는 기존의 비핵화 정책 노선을 유지하는 전제 조건으로 다음 3가지를 명시하는 것을 골자로 한다. 첫째, 미국은 핵우산 제공 공약을 유지하고 그 실효성을 뒷받침하기 위한 제도적·물리적 장치를 보장해야 한다. 둘째, 미국과 국제사회는 북한이 요구하는 공식적인 핵보유국 지위를 절대 인정해서는 안 된다. 셋째, 한반도 주변 지역에서 새로이 핵무기를 개발·보유하려는 국가가 등장하지 말아야 한다. 뒤집어 말하자면 만약 미국이 한국에 핵우산을 제공하기 위한 군사적 능력과 정치적·외교적 의지를 상실하거나, 북한이 어떠한 형태나 방식으로든지 핵무기를 포기하지 않을 권리를 국제적으로 인정받고, 한반도 주변의 또 다른 국가(특히 일본)가 핵무장을 추구한다면 한국은 스스로의 안전을 위한 최후 수단으로 핵무장을 선택할 수 있다는 의미다. 이는 '비핵화는 국가 안보상 필요를 충족시킬 때만 유효하며 비핵화 자체만을 위해 국가 안보가 희생되어서는 안 된다'는 전제를 바탕으로 하고 있다.

이러한 조건부 비핵화 노선은 국제사회에서 '비공개 핵무장국'으로 인정받고 있는 이스라엘의 핵 모호성 정책을 모방한 것이다. 이스라엘은 지난 1965년 3월 레비 에슈콜 총리 명의로 미국에 전달한 외교 전문(電文)을 통해 "중동에서 핵무기를 '도입(introduce)'하는 첫 번째 국가가 되지 않겠다"라고 밝힌 바 있다. 이는 핵무장에 관한 이스라엘의 유일한 공식 입장이다. 핵무기의 개발 의도·계획·존재를 공개적으로 드러내지 않지만 비공개적 차원에서 핵무기를 개발·생산하거나 이에 필요한 기술적인 준비를 할 수 있음을 나타낸 것이다. 아울러 중동에서 핵무장을 공개적으로 추구하는 국가가 등장한다면, 이스라엘도 공식적인 국방 수단으로 핵무장을 선택할 수 있는 여지를 남기고 있다.

조건부 비핵화 노선은 외견상 기존의 비핵화 원칙 유지를 재확인하는 것이지만 실제로는 독자적인 핵무장을 선택 가능한 대안으로 남겨둘 수 있음을 간접적으로 암시한다. 핵무장을 직접적·공개적으로 거론·주장하여 국제사회의 경계와 의심을 초래하는 것과 비교할 때 정치적·외교적 위험 부담이 훨씬 적다. 한국은 조건부 비핵화 노선의 채택을 통해 북한의 핵무장 위협에 맞서기 위한 능력을 전적으로 미국에만 의존하지는 않을 것이라는 정책적 의지를 국내외에 강조할 수 있다. 또한 미국에 대해서도 핵우산 공약의 성실하고 지속적인 유지·발전을 유도하면서 북한의 거듭되는 핵보유국 지위 인정 요구에 굴복하지 말아야 함을 환기시키는 데 기여할 것이다. 그리고 세계적인 수준의 핵무장 잠재력을 보유하고 있는 일본이 북한과 중국 등의 군사적 위협을 구실로 군사 대국화를 정당화하고, 더 나아가 비핵 3원칙으로 대표되는 전통적인 비핵화 정책 노선마저 폐기하려는 위험성을 예방·견제하는 효과도 기대할 수 있다.

핵 재처리, 농축 능력 확보의 전략적 활용

북한이 2017년 9월 6차 핵실험을 강행한 것을 계기로, 미국은 북한의 핵무장을 저지하기 위해 강력한 외교·군사적인 조치들의 실행을 공언하고 있다. 일부 언론 보도에 따르면 미국이 심지어 한국의 독자 핵무장을 용인하거나 '한국의 요청이 있을 경우'를 전제로 핵무기의 재배치도 검토할 수 있다는 주장까지 제기되었다. 일단 현재로서는 이러한 관측들의 대부분이 북한의 비핵화를 압박할 수 있는 보다 강력한 제재(예: 북한에 서유 공급 중단)에 중국, 러시아의 동의를 이끌어내기 위한 미국의 엄포, 혹은 선전이라는 평가가 우세하다.[20] 그러나 북한의 핵무장 고수에 따른 한반도의 정치·군사적인 대립과 긴장이 장기화된다면 이를 타개하기 위한 특단의 조치가 수반되어야 한다는 목소리는 더욱 높아질 수밖에 없다.

한국은 북한 핵무장을 좌절시키려는 미국의 정책적 의지가 강화된 현시점에서 북한 핵무장 위협에 대한 억지력을 강화하는 데 이를 적극 활용해야 한다. 이미 한국은 북한의 6차 핵실험 직후 국산 탄도미사일의 탄두 중량 제한을 없애기로 미국과 합의한 바 있다.[21] 여기서 한 걸음 더 나아가 한국은 그동안 자발적으로 포기해왔던 핵연료의 재처리, 우라늄 농축 능력을 독자적으로 확보하기 위해 미국의 동의와 지지를 이끌어내야 한다.

구체적으로 한국은 지난 1991년에 선포했던 「한반도 비핵화 선언」에서 "핵무기를 제조·보유·저장·배치, 사용하지 않는다"는 내용은 유지하되 "핵연료 재처리 및 핵 농축 시설을 보유하지 않는다"는 내용은 철회하는 방안으로 적극 검토 및 추진해야 할 것이다. 이는 한국이 IAEA의 안전조치협정에 따른 국제사회의 상시적인 감시를 수용하는 전제 아래 독자적인 핵연료의 재처리, 우라늄 농축 시설을 건설, 운영할 수 있는 가능성을 열어줄 것이다. 현재의 이스라엘, 일본처럼 필요시에는 언제든지 핵무장을 추진할 수 있는 기술적 잠재력을 확보하게 되는 것이다.

이러한 핵연료의 재처리, 우라늄 농축 능력의 독자적인 확보, 혹은 그에 관한 검토 및 추진은 그 자체만으로는 핵무장을 의미하지 않는다. 앞서 설명했듯이, 한국은 이미 세계 6위의 원자력 발전 대국으로서 '에너지 수요의 자급자족 실현'이라는 경제적인 이유만으로도 독자적인 핵연료의 재처리, 농축 능력의 확보를 추진할 수 있는 근거가 충분히 존재한다. 아울러 최근 2017년 11월 7일 한미 정상회담에서는 '최첨단 군사자산의 획득, 개발을 위한 협의 착수'가 합의되었고 이를 계기로 한국 정부는 원자력 잠수함을 개발, 도입하는 계획을 본격화할 전망이다. 이는 한국이 핵연료의 독자적인 재처리, 농축 능력을 확보해야 할 필요성을 더욱 높일 것이다.[22]

원칙적으로 핵연료의 재처리, 우라늄 농축은 국제적인 대량살상무기 비확산 규범을 준수하는 범위 이내에서 충분히 이루어질 수 있다.이런 이유로 한국이 공개적으로 핵무장 의지를 밝히거나 미군 핵무기를 재배치하는 것보다 정치·외교적인 위험 부담이 적어 정당성을 얻는 데 유리하다. 이는 중국, 러시아에게 직접적인 군사 위협을 가하지 않으면서도 아시아·태평양 지역에서의 잠재적인 핵확산 가능성에 대한 경각심을 심어줄 수 있다. 한편, 북한 비핵화를 위한 국제적인 노력에 보다 성의 있는 동참을 유도하는 계기가 될 수도 있다. 북한에게도 핵무장을 통해 한국을 정치·군사적으로 압도하거나 한미동맹을 무력화하려는 시도가 성공할 수 없음을 주지시키는 효과가 기대된다. 그리고 앞서 제시된 한국의 '조건부 비핵화' 노선이 단순한 구호에 그치지 않고 보다 실효성을 가질 수 있도록 보장할 것이다.

다만 한국이 핵연료의 재처리, 우라늄 농축 능력의 독자적인 확보를 추진하는 과정에서 이를 지나치게 핵무장과 결부(結付)시키려는 주장은 지양되어야 마땅하다. 앞서 소개했던 이스라엘, 일본의 사례에서도 보았듯이 핵무장을 위한 기술적 잠재력의 확보는 역설적으로 핵무장 의지를 드러내지 않을수록 국제사회의 지지·용인을 확보하여 이를 성공시킬 가능성이 더욱 높아지기 때문이다.

나가며

북한 정권의 본질

우리는 지금 '제2의 히틀러'와 맞서고 있습니다. 이처럼 폭압적이고도 잔인무도한 짓들을 노골적으로 자행하는 독재 세력은 일찍이 존재한 적이 없었습니다.(We are dealing with Hitler revisited; a totalitarianism and a brutality that is naked and unprecedented in modern times.)

그놈에게는 협상, 설득이 통하지 않습니다. 동정심, 양심의 가책, 두려움조차 느끼지 않아요. 당신을 죽이기 전까지는 절대로 멈추지 않을 것입니다.(It can't be bargained with. It can't be reasoned with. It doesn't feel pity, or remorse, or fear. And it absolutely will not stop, ever, until you are dead.)

위의 두 인용은 차례대로 1990년 쿠웨이트를 침략한 이라크의 독재자 사담 후세인에 대한 조지 허버트 부시 미국 대통령의 규탄, 그리고 영화 「터미네이터(The Terminator)」(1984)에서 살인기계를 묘사하는 대사의 내용이다. 참으로 불행한 일은 2017년 현재, 이 두 인용이 묘사하는 것과 놀랍도록 일치하는 집단이 현실 세계에 존재하고 있다는 사실이다. 바로 북한 정권이다.

그들은 60여 년 전 동족을 상대로 침략전쟁을 일으켰고, 수천 년 동안 이어져왔던 한민족의 일치와 단결, 화합에 씻을 수 없는 상처를 냈다. 그것도 모자라서 전쟁이 멈춘 후에도 셀 수 없을 정도로 많은 납치·테러·군사 도발을 일삼아왔다. 자신들이 책임져야 할 2,000만 명이 넘는 주민들의 생존과 권리조차 굶주림·빈곤·폭정으로 짓밟았다. 이들을 구제할 수 있는 자원은 자격 없는 사치, 또 다른 침략을 준비하기 위한 살상 병기의 개발·제조·비축이라는 백해무익한 목적으로 낭비하고 있다.

전 세계에서 냉전이 끝난 지 벌써 20년이 넘은 지금까지도 그들은 더욱 사악해졌을 뿐만 아니라 더욱 잔인해졌고 더욱 위험해진 상태로 살아남아 있다. 그리고 북한 정권의 핵무장, 계속되는 정치적·군사적 도발은 일본의 군사 대국화에 정당화할 구실을 제공한 것이나 마찬가지다. 또한 한반도에서 미국과 중국·러시아 사이의 지정학적 갈등과 경쟁을 더욱 부추겨 아시아·태평양 지역을 끊임없는 불신·대립·분쟁의 늪으로 빠뜨리고 있다. 이처럼 북한 정권은 '냉전이 남긴 최후, 최악의 잔재'인 동시에 오늘날 '세계 평화에 대한 결정적인 장애'라고 해도 과언이 아니다. 그들이 지난 수십 년 동안 고집해왔던 '한반도 전체의 공산화·독재화'라는 시대착오적이고 이기적인 야욕을 포기하지 않는 이상 한반도 더 나아가 세계는 결코 냉전에서 해방되었다고 자신할 수 없을 것이다.

북한 도발의 4대 배경들

나의 업적을 보라, 너희 강하다는 자들아. 그리고 절망하라!(Look on my works, ye mighty, and despair!)

이 말은 19세기 영국의 시인 퍼시 셸리가 쓴 「오지만디아스(Ozymandias)」(1818)라는 시에 등장하는 한 구절이다. 어쩌면 북한이 그동안 핵무기와 탄도미사일 등의 대량살상무기 개발, '벼랑 끝 전술(brinkmanship)'이라는 이름으로 저질러온 수많은 정치적·군사적 도발을 통해 한국과 국제사회를 상대로 전달하려는 메시지를 이보다 더 분명히 드러내는 말도 드물 것이다.

한국과 국제사회는 지난 수십 년 동안 반복되어온 북한의 도발과 만행에 분노하는 동시에 그들을 막지 못하고 있다는 것에 허탈해하고 있다. 도대체 경제적·사회적·외교적으로 파탄을 면치 못하고 있는 북한이 어떻게 이처럼 오랫동안 세계를 괴롭힐 수 있는 것인가? 이 의문에 대한 답은 다음 4가지 요인에서 찾을 수 있다.

첫째, 북한 내부 체제의 특징이다. 김일성에서 김정일, 현재의 김정은으로 이어오는 3대 권력 세습에서 알 수 있듯이 북한은 소수 지배 세력의 손에 좌우되고 있다. 이 체제를 지탱하는 기반은 내부의 폭압적인 사회통제, 외부 세계와의 정치적·이념적·군사적 대립을 통해 형성된 '인공적인 공포'다. 그 결과 김정은을 비롯한 북한 지배 세력은 권력 유지에 도움이 된다면 언제든지 주민들과 동족 더 나아가 세계 전체의 안전마저 볼모로 삼을 수 있다고 판단할 뿐만 아니라 이를 아무런 제약도 없이 실행에 옮기는 것이 가능하다. 야당과 언론의 자유, 공정한 선거 등을 통해 정부의 비합리적인 결정을 견제·저지할 수 있는 민주주의국가에서는 결코 찾아볼 수 없는 모습이다.

둘째, 기형적으로 거대한 군사력이다. 북한이 보유하고 있는 군사력은 세계 4위 규모에 해당하는 120만여 명에 달한다. 이 병력의 절반 이상은 휴전선 인근에 전진 배치되어 치명적인 기습 공격을 가할 수 있다. 여기에 수도권을 노리는 1,000여 문의 장거리포, 한반도 전체를 공격권 내에 두는 탄도미사일, 그리고 핵을 비롯한 대량살상무기는 북한이 전쟁에서 승리하지는 못하더라도 한국과 국제사회에 전쟁의 두려움을 강요하며 정치적 굴복을 요구하는 데 충분한 수단이 될 것이다. 이로 인해 북한이 아무리 정치적·군사적 도발을 일삼아도 한국과 국제사회가 북한을 응징하기 위한 행동에 나서는 것을 주저하거나 포기하는 일이 반복되어왔다.

셋째, 중국과 러시아의 후견이다. 이 두 강대국은 한반도와 국경을 맞댄 국가로서 북한의 생존이 자신들의 지정학적 이익에 부합한다고 판단한다. 이에 따라 6·25전쟁 때는 북한의 침략을 지원하거나 직접 참전했으며 지금도 북한에 외교적 보호와 경제 지원을 제공하고 있다. 심지어 북한이 한국과 국제사회를 상대로 정치적·군사적 도발을 반복해도 이를 징벌하려는 국제사회의 노력을 약화·지연·희석시키려고만 할 뿐이다. 이는 북한이 중국과 러시아로부터 무조건적 지지를 받고 있다는 오판을 심어주고 한국과 국제사회를 상대로 안심하고 도발을 자행하는 원인이 되고 있다.

넷째, 한국 사회의 민주주의와 다양성이 악용당할 가능성이다. 북한은 평화와 통일에 대한 소망, 순수한 민족애와 선의에 입각하여 화해·협력을 지지하는 한국 내부의 여론을 '분열' '나약함'의 증거로 해석하며 악용해왔다. 자신들이 아무리 한국과 국제사회에 협박과 적대 행위를 반복해도 결국 평화의 이름 아래 자비를 구걸할 것이라는 발상이다. 특히 이번 제19대 대통령 선거로 한국에서 전임 김대중, 노무현 정부 시절의 대북 화해·협력 정책을 지지 및 계승하는 정치 세력이 재집권한 것도 북한의 이러한 오판을 뒷받침하는 요인이 될 수 있다.

일찍이 『손자병법(孫子兵法)』은 "적의 전략을 공략하는 것이야말로 최선의 방책(上兵伐謀)"이라고 역설했다. 언뜻 추상적으로 여겨질 수 있는 내용이지만 '적의 전략이 성공하기 위해 의존하는 기반과 조건을 쓸모없게 만드는 것이 최선'이라는 의미라고 간단히 풀이할 수 있다. 마찬가지로 북한이 수십 년 동안 정치적·군사적 도발을 일삼아 한국과 국제사회가 대부분 일방적으로 피해를 강요받았던 악순환을 끊으려면, 이를 가능토록 해주었던 위의 4가지 요인을 깨뜨릴 수 있어야 한다. 여기에는 분명 적지 않은 시간과 노력이 필요하겠지만 결코 불가능한 일은 아니다.

비핵화 없이는 한반도의 평화와 통일도 없다

1990년대부터 계속되고 있는 북한의 핵무장과 그에 따른 갈등은 이미 한반도를 넘어 아시아·태평양, 그리고 세계 전체의 평화와 안전을 위협하는 근심거리가 된 지 오래다. 핵무장은 북한에 한반도에서 자신들이 정치적·군사적 우위를 차지하게 되었다는 인식을 심어준다. 이는 한국과 국제사회의 대응 능력과 의지를 과소평가할 가능성을 높여 북한은 이전보다 잔혹한 군사 도발을 더욱 자주 일으킬 위험성이 있다. 이뿐만 아니라 핵무장은 북한이 한국과 국제사회가 수용하기 어려운 일방적·자기중심적 요구들(예를 들어 주한미군 철수, 한미 연합 군사훈련 중지)을 강요하고, 남북한 관계도 '평화적인 공존'이 아닌 '북한이 압도적인 정치적·외교적·군사적 우위를 차지하는 불평등' 관계로 변질·훼손시키려는 요구에 더욱 힘을 실어줄 것임에 분명하다. 이는 한반도의 평화와 안전에 역행할 뿐만 아니라 한국이 추구하는 자유민주주의적 정치·경제·사회 가치에 입각한 통일의 실현까지 불가능하게 만들 것이다.

북한은 지난 2003년 사담 후세인의 이라크, 2011년 무아
마르 카다피의 리비아 등을 사례로 내세우며 "핵무기가 없
으면 미국에 침략당한다"라고 주장할지도 모른다. 그러나
북한이 진정으로 원하는 것이 자신들의 생존일 뿐이라면 핵
무기는 굳이 필요하지 않다. 2017년 5월 한국에서 신임 정부
가 출범한 이래 한미 양국은 "북한 정권의 교체나 붕괴, 흡수
통일, 군사적 침략을 추구하지 않을 것"임을 거듭 밝히고 있
다. 북한이 핵무장 구실로 내세우는 이른바 '미국의 적대시
정책'이란 존재하지 않는 허상이거나 그동안 북한이 한국과
국제사회를 상대로 일삼아온 수많은 정치적·군사적 도발에
서 비롯된 자업자득, 인과응보의 산물일 뿐이다.

게다가 북한에는 핵무기를 대신하여 생존을 책임져줄 맹
방(盟邦), 즉 중국이 바로 곁에 존재하고 있다. 중국은 이미
60여 년 전 6·25전쟁에서도 패망 직전의 북한을 구하기 위
해 참전하지 않았던가? 그럼에도 불구하고 북한이 굳이 핵
무장을 고집하려는 것은, 그들의 진짜 의도가 단순한 생존
뿐만이 아니기 때문이다. 3대에 걸친 공산 독재 왕조에 대한
대내외의 어떠한 도전이나 간섭도 용납하지 않고 궁극적으
로는 한반도의 7,000만 겨레 모두를 노예화하겠다는 그들의
시대착오적이고 이기적인 야욕에 미련을 버리지 못하고 있

는 것이다.

지난 20여 년 동안 역대 정부는 다양한 방법으로 북한의 평화적인 비핵화를 추구해왔다. 그러나 대부분은 '경제적 지원'이라는 보상을 내세워 북한을 비핵화로 유도한다는 접근 방식을 채택했다. 핵무장을 자신들의 체제 생존 자체와 동일시하고 있는 북한 정권의 태도를 생각할 때 단순히 돈 몇 푼 쥐어주는 것으로 핵무기를 포기시키겠다는 발상은 실패할 수밖에 없는 방법이었다. 결국 북한을 비핵화로 이끌기 위해서는 '근본주의적 접근'을 선택할 수밖에 없다. 다시 말해 지난 60여 년 동안 한반도에서 계속되어온 냉전적 대립 구도를 해소하거나 북한 정권의 존재 또는 행태를 전환하는 방법 가운데 하나를 통해서만 북한의 비핵화 더 나아가 한반도의 평화 그리고 통일을 이룩할 수 있는 것이다.

방법 1: 평화적인 비핵화

가장 바람직한 방법은 역시 외교를 통해 이러한 과제를 평화적으로 해결하는 것이다. 먼저 북한이 '비핵화 원칙의 재확인', '6자회담이나 그에 준하는 한국 및 국제사회와의 외교적 노력에 복귀'를 실천하는 것이 선행되어야 한다. 이어서 당사국들 간 대화와 협상을 재개하여 비핵화의 중간 단계로서 실행해야 할 조치들을 논의·결정해야 한다. 이를 통해 북한은 그동안 계속되었던 핵무장 관련 활동들(무기급 핵물질의 생산, 핵무기와 탄도미사일에 관련된 실험 등)을 중단하고 그 과정에서 확보한 무기급 핵물질은 무기화 전 단계 상태에서 국제사회가 투명하게 감시하고 검증할 수 있는 방식으로 관리·보관해야 한다.

한국과 국제사회는 그동안 북한에 부과했던 각종 제재를 유예·해제하고 한미 연합 군사훈련의 규모와 시기를 축소할 필요가 있다. 아울러 북한이 핵무장 관련 활동의 중단을 이행·준수하는 것을 전제로 '핵전쟁 수단'으로 인식될 여지가 있는 특정 무기 체계들(장거리 폭격기, 원자력전략잠수함, 항공모함 등)이 한반도에 전개되는 것을 자제해야 한다. 이는 그동안 국제적인 통제권 밖에서 무방비 상태로 계속되어온 북한 핵무장 능력의 양적·질적 강화를 저지하여 그로 인한 실질적인 위협을 거부·제어하는 데 기여할 것이다. 아울러 북한에도 자신들의 생존·발전을 위해 핵무장보다 더 나은 대안이 있음을 깨닫고, 이를 자발적으로 받아들일 수 있는 기회를 제공하는 의미를 갖는다.

중요한 것은 이러한 북한의 핵무장 관련 활동 중단이 어디까지나 '한반도 비핵화'라는 궁극적인 목표의 일부며 중간 단계라는 기본 원칙에 대해 북한을 포함한 당사국들이 반드시 동의해야 한다는 점이다. 그렇지 않으면 핵무장 관련 활동의 중단은 단지 북한이 지금까지 확보한 핵무장 능력을 국제사회가 용인해주는 것으로 변질·악용될 뿐이다. 이 경우 북한이 요구해온 핵보유국 지위가 고착화되고 한국과 국제사회는 핵무장 능력을 앞세운 북한의 정치적·군사적 횡포에 끊임없이 노출되는 결과에 직면할 것이다. 이는 결코 용납할 수 없는 일이다.

그리고 북한이 무기급 핵물질을 비롯한 핵무장 능력을 가시적으로 폐기하는 비핵화 조치를 실천·완료함에 따라서 미국·일본·한국과 정치적·군사적 적대 관계도 마감하고 한반도에 평화체제를 구현할 수 있어야 할 것이다. 이 경우 주한미군의 병력 규모는 1개 여단 내지 사단 수준(수천 명 내지 1만여 명)으로 축소하고 '북한과 무력 대결 대비'를 공식 임무에서 제외함으로써, 전투력보다는 한미동맹 유지를 위한 최소한의 역할만 수행하도록 해야 할 것이다.

한편 남북한 관계의 정상화는 적어도 북한이 비핵화 원칙을 재확인하고 이를 위한 외교적 노력에 복귀하는 2가지 조건 아래 당국 간 대화 또는 민간 교류를 재개하는 방안을 모색해야 한다. 과거 김대중, 노무현 정부 시절의 남북한 교류·협력은 북한이 보여준 미국과 '제네바 기본합의', '6자회담

참여' 등을 통해 비핵화에 대한 최소한의 기대가 존재했던 상황을 전제로 한 것이었다. 그러나 지금 북한은 2009년 이래 비핵화를 완전히 역행하고 있으며, 이 때문에 북한과 교류·협력(특히 북한에 정치적·외교적 입지를 강화해주고, 상당 수준의 경제적 이득을 제공할 수 있는)도 그 정당성이 크게 훼손된 상황이다. 앞으로 금강산 관광이나 개성공단의 활동 재개 또는 그 이상의 교류·협력에서 심화·발진이 이루어지려면 적어도 비핵화의 중간 단계로 북한 핵무장 관련 활동의 중단이 결정·이행되어야 한다.

방법 2: 비평화적인 비핵화

그러나 안타깝게도 그동안 북한이 보여주었던 비핵화 관련 합의 이행의 번복 및 파기, 그리고 핵무장에 대한 북한 정권의 집착이 더욱 심해지고 있는 오늘날 상황 등을 고려한다면 이러한 평화적인 방법에 의한 비핵화가 순조롭게 이루어질 것이라고 섣불리 기대하는 것은 금물이다. 오히려 북한은 평화적인 비핵화를 위한 대화와 외교적 노력에 복귀하라는 한국과 국제사회의 거듭된 호소를 묵살한 채 줄곧 핵무장 능력의 양적, 질적 강화를 위한 활동에 더욱 박차를 가하려는 모습을 보여왔을 뿐이다. 일단 핵무장 능력이 완성되고 나면 한국과 미국, 국제사회가 좋든 싫든 자신들의 요구에 굴복할 수밖에 없으며, 이를 통해 '한반도 전체의 공산화·독재화'라는 오랜 야욕을 달성할 수 있다고 믿기 때문이다. 2017년 7월과 11월에 강행된 총 3차례의 ICBM급 시험발사, 그리고 9월 3일의 6번째이자 최대 규모의 핵실험은 이러한 북한의 의도를 드러낸 가장 최근의 사례다.

"한반도에서 또다시 전쟁은 안 된다", "모든 것을 걸고 전쟁만은 막을 것", "북한 핵 문제는 어떠한 경우에도 평화적·외교적으로 해결되어야 한다"는 식의 자세는 도덕적으로는 옳을지 몰라도 북한에 대한 비핵화의 성공을 보장하지는 못한다. 한국 정부가 한반도 유사시에 군사적인 대응 자체를 기피한다는 인상을 국내외에 심어줄 수 있기 때문이다. 이럴수록 북한 정권은 비핵화에 관한 한국의 정책 의지를 평가절하하여 앞으로도 핵무장을 지속·강화하고 한국과 국제사회를 상대로 정치적·군사적 도발을 강도 높게 일삼을 것이다. 그 결과 북한의 비핵화를 위한 한국의 노력은 공허한 구호로 전락할 뿐만 아니라 한반도의 평화와 안전도 더욱 큰 위험에 노출될 것으로 우려된다.

따라서 한국과 국제사회는 최악의 경우, 비(非)평화적 수단을 통해서라도 북한의 핵무장을 좌절시킬 방법을 마련해야 한다. 외교를 통한 평화적인 비핵화는 '최선'의 수단임에 분명하지만, 결코 '유일'한 수단일 수는 없다. 특히 북한이 지난 수십 년 동안 그러했듯이 정치적·군사적 도발과 협박을 일삼으며 자신들의 일방적이고 이기적인 요구를 고집하고 있는 상황에서는 평화적인 수단에만 의존하여 비핵화를 달성할 가능성이 매우 희박하다. 북한에 핵무장과 도발로는 결코 한국과 국제사회를 굴복시킬 수 없으며 도리어 정권의 파멸만 초래할 뿐이라는 것을 확신시키고, 평화적인 비핵화가 더 나은 선택임을 인정하도록 만들기 위해서라도 비평화적 수단을 통한 북한의 비핵화 가능성을 남겨둘 필요가 있다. 이 점에서 조셉 던포드 미군 합동참모본부 의장이 했던 다음 말은 의미하는 바가 크다.

많은 사람들이 북한에 대한 군사적인 대응을 '상상조차 할 수 없는 일(unimaginable)'이라고 말한다. 그러나 북한이 우리 영토와 국민을 상대로 핵무기를 사용하도록 내버려두는 것이야말로 진정으로 상상조차 할 수 없는 일이다. 나의 임무는 바로 그런 사태가 일어나는 것을 막을 수 있는 군사적 능력을 보장하는 것이다.

지금까지 살펴보았듯이 한국의 독자적인 핵무기 개발이

나 미군 핵무기의 재배치를 비롯한 핵무장은 북한의 비핵화에 의미 있는 기여를 하지 못할 것이다. 오히려 북한의 핵무장을 기정사실로 굳히고 한반도에서 정치적·군사적 대립 구조만 악화시켜 북한의 의도에 이용만 당할 뿐이다.

그럼 일각에서 주장하는 '북한 핵시설에 대한 예방공격(preventive attack)'은 대안이 될 수 있을까? 아니라고 생각된다. 북한이 단지 한국과 국제사회를 상대로 호전적인 언사와 무력시위를 일삼고 있다는 것만을 근거로 먼저 공격을 가하겠다는 것은 국제사회로부터 정당성을 인정받지 못할 것이다. 아울러 북한이 발사대 기준으로 100대가 넘는 규모의 탄도미사일 전력을 보유하고 있는 데다가 영변 핵시설 외에도 핵무기의 개발·생산을 위한 비밀 시설이 존재할지도 모르는 상황을 고려하면, 예방공격을 통해 북한의 핵무장 능력을 제거하는 것은 성공할 가능성이 매우 낮다.

따라서 북한에 존재하는 소수의 특정 표적들만 전격 파괴함으로써 북한의 핵무장 능력을 깨끗이 없애고, 북한에 의한 정치적·군사적 도발도 근본적으로 중단시킬 수 있다는 기대는 그야말로 환상에 불과하다. 정치 및 국제법 측면에서 정당화되기 어려울 뿐만 아니라 군사와 기술 측면에서도 타당성이 극히 떨어지기 때문이다. 오히려 한국과 미국이 침략자로 낙인찍히면서 북한의 핵무장에 정당성을 실어주고 이를 빌미로 북한이 한국과 미국을 겨냥하여 치명적인 군사적 파괴·살상을 자행하는 것을 합리화하는 역효과만 낼 것이다.

그렇다면 한반도 유사시에 한국과 국제사회가 선택할 수 있는 비상수단 즉 '북한의 비핵화를 위한 비평화적 대안'은 무엇인가? 바로 북한에 '사생결단식의 끝장 승부'를 강요하는 것이다. 이는 '역(逆)벼랑 끝 전술(reverse brinkmanship)'이라고 불릴 수 있다.

만약 북한이 한국과 국제사회를 상대로 또다시 용납할 수 없는 수준의 정치적·군사적 도발을 자행한다면 가장 먼저 UN 안전보장이사회를 통해 '북한에 대한 철저한 봉쇄'를 요구해야 한다. 말 그대로 북한으로 향하는 외부 세계의 물자 및 자금 유입을 금지하고 육상·해상·공중 운항을 완전히 단절시켜서 북한에 쌀 한 톨, 석유 한 방울도 들어가지 못하도록 만들어야 한다. 지금까지 그랬듯이 중국과 러시아가 동의하지 않는다면? 그렇다면 한국과 미국 그리고 나머지 우방 국가들의 힘을 통해 강제로라도 실행해야 한다. 지난 1962년 쿠바 미사일 위기 당시 미국이 쿠바에 대해 전면 해상봉쇄를 실시했듯이.

이를 위해 미 해군의 항공모함 전투단을 한반도의 동·서해 양쪽 해역으로 1개씩 전진 투입하고 북한 상공을 '비행금지구역(no-fly-zone)'으로 선포한 후, 미 공군의 스텔스 전투기들을 동원하여 북한 상공에서 초계비행을 실시하는 것이다. 그리고 북한 정권에 "이제 더 이상은 기다릴 수 없다. 당장 비핵화를 수용하라. 그렇지 않으면 철저히 봉쇄된 채 멸망할 것이다"라는 최후통첩을 전달한다.

요컨대 북한의 핵무장을 포기시키기 위해 한국과 미국, 국제사회가 반드시 전쟁을 그것도 먼저 일으켜야 할 필요는 전혀 없다. 단지 북한을 '전쟁 바로 직전 단계'까지 몰아넣고 결정을 요구하는 것만으로 충분하다. 이 경우 북한 정권에는 계속 봉쇄되어 자멸하거나, 준비된 상태의 한미 연합군을 상대로 발악적인 군사 도발을 감행하여 철저히 반격당하고 패망의 길로 치닫거나, 핵무기를 포기하여 정권의 생존이라도 보장받는 것 가운데 하나의 선택만이 가능할 뿐이다.

이러한 필자의 제안에 대해 당연히 안 된다고 말리고 싶은 이들이 있을 것이다. "전쟁이라도 하자는 것이냐?"고 나무랄 수도 있다. 필자 역시 이런 일이 현실이 되길 바라면서 주장하는 것은 결코 아니다. 그러나 한편으로는 이렇게 반문하고 싶다. "그럼 도대체 얼마나 더 기다려야 한단 말인가? 북한이 100개가 훨씬 넘는 핵무기를 만들 정도의 플루토늄, 고농축우라늄을 확보할 때까지? 북한 핵무기의 폭발력이 1메가톤을 기록할 때까지? 북한의 ICBM이 미국의 뉴욕, 로스앤젤레스 앞바다로 날아갈 때까지?" 이런 상황이 된다면 아무리 우리가 전쟁을 피하고 싶다고 해도 북한 정권이 일방적으로 전쟁을 일으킬 수 있는 상황에 놓일 것이다. 적어도 그 전에는 어떻게든 결판을 내야 한다.

그동안 북한 정권의 수명을 지속시켜주려고 어떻게든 애썼던 중국과 러시아도 필자의 주장을 위험하다고 비판하리라는 것을 잘 안다. "북한 정권을 없애려고 제3차 세계대전을 일으키는 것이 가치가 있는가?"라고 말이다. 하지만 필자는 오히려 중국과 러시아에 "북한 정권이 제3차 세계대전을 감수하면서까지 지켜줄 가치가 있는 집단인가?"라고 반문하고 싶다. 아울러 다음과 같은 질문을 추가하고 싶은 바람이다. "만약에 대만, 티베트, 우크라이나, 체첸, 조지아가 지금 북한과 같은 짓을 저질러도 한가하게 '외교를 통한 평화적 해결' 타령이나 반복할 것인가?"라고 말이다(이들 5개 국가 또는 지역은 모두 중국과 러시아로부터 군사적 침공·점령을 경험한 바 있다).

그동안 북한은 한국과 국제사회가 자신들에게 맞설 준비와 의지가 부족하다고 판단하는 상황과 시기를 노려서 예상치 못한 방법으로 정치적·군사적 도발을 일으켜왔다. 이를 통해 한반도에서 전쟁과 평화 여부가 자신들의 손에 달려 있음을 과시하고 한국과 국제사회를 협박하여 자신들이 내세우는 정치적·군사적 요구를 받아들이도록 강요하려는 속셈인 것이다. 이는 북한 정권이 한국과 국제사회는 나약하고 전쟁을 감당할 용기가 없으며, 따라서 단기간의 제한적인 도발만으로도 겁에 질려서 결국에는 굴복할 것이라고 판단하기 때문이다.

하지만 이처럼 막무가내식의 도무지 대책이 없어 보이는 북한의 도발들은 공통적으로 한계점도 보여주고 있다. 바로 '전면전쟁보다는 낮은 수준'에서 벌어져왔다는 사실이다. 이는 북한도 한국과 국제사회 못지않게 아니 어쩌면 그 이상으로 한반도에서 또 다른 전면전쟁이 일어나는 것을 두려워한다는 뜻이다. 한국이 북한에 대해 압도적인 국력 우위를 차지하고 미국과 동맹 관계가 건재한 이상 한반도에서 전면전쟁은 기필코 북한의 패망으로 귀결될 것이라는 사실을 북한 정권 스스로가 누구보다 잘 알고 있기 때문이다.

이러한 점에서 보면 지금까지 북한이 자행해온 수많은 정치적·군사적 도발은 자신감이나 힘의 우위에서 비롯된 것이 아니라 그 반대로 북한 정권의 불안감과 취약성을 드러낸 것으로 해석하는 편이 보다 정확하다. 정면 대결로는 도저히 한국과 국제사회를 이길 수 없으니 기습적·변칙적 방법에 의존하여 충격을 극대화하여 한국과 국제사회를 상대로 전쟁 가능성에 대한 두려움을 자극하겠다는 수법이다. 자신들의 파멸로 이어질 전면전쟁의 부담을 회피하면서도 최대한의 이득을 챙기겠다는 속셈인 것이다. 마치 자신이 겁먹었음을 들키는 것이 두려워서 더 사납게 짖어대는 개처럼 말이다.

그렇다면 한국과 미국 그리고 국제사회가 해야 할 일은 명백하다. 바로 북한 정권의 판단이 틀렸으며 그들의 의도가 실현될 수 없음을 증명하는 것이다. 아무리 북한이 핵무장을 고집하며 정치적·군사적 도발을 반복한다고 해도 한국과 국제사회는 한반도의 평화와 안전을 근본적으로 위협할 북한의 시대착오적이며 이기적인 요구를 결코 용납해서는 안 된다. 또한 북한 정권에, 핵무장은 체제 생존과 한반도 전체의 공산화, 독재화를 실현시켜 줄 '해결책'이 아니라 체제 생존을 근본적으로 위협하는 '파멸의 원인'에 불과할 뿐임을 똑똑히 보여줘야 한다. 이를 위해 필요한 것이 바로 '북한에 비핵화를 요구·관철시킬 수 있는 비평화적 수단'의 동원 가능성이다.

역사상으로 북한은 한국과 국제사회의 정치적·군사적 준비 태세와 의지가 자신들보다 확실히 강하고 도발의 결과가 자신들의 체제 생존을 직접 위협하는 상황(특히 전면전쟁)으로 확대·악화될 수 있음을 깨닫는 순간, 미련 없이 물러섰다. 1976년의 판문점 도끼 만행, 그리고 가장 최근에는 2015년 8월 서부전선 포격 사건 직후 대결에서 이를 보여주었다. 이는 '역벼랑 끝 전술'이야말로 북한에 의미 있는 행동 변화를 이끄는 가장 효과적인 비평화적 대안임을 잘 보여준다.

따라서 한국과 미국, 국제사회는 북한이 아무리 핵무장 능력을 강화하더라도 감히 한반도의 평화, 안전을 일방적으로 위협하지 못하도록 전쟁 억지력을 굳건히 보장할 수 있도록 군사적 능력을 유지·확보해야 한다. 또한, 핵무장을 통해 기대하는 이익과 효과를 훨씬 압도하는 정치·외교·경제적인 불이익으로 북한을 압박해야 한다. 특히 필요할 경우 북한을 상대로 역벼랑 끝 전술을 실행할 수 있는 역량을 강화, 발전시켜 대비해야 한다. 이는 북한 정권에게 핵무장의 무익(無益)함을 일깨우고 다시 대화의 길로 복귀하도록 유도하여 평화적인 비핵화가 성공할 수 있도록 뒷받침하기 위한 것이다.

북한의 비핵화는 한반도의 진정한 평화와 통일을 실현하기 위해 반드시 충족되어야 할 필수적인 전제 조건이다. 그것이 평화적으로 이루어지느냐 아니면 비평화적으로 이루어지느냐 하는 차이만 존재할 뿐이다. 한국은 스스로의 능력, 그리고 동맹 미국을 비롯한 국제사회와 공조를 통해 이를 최대한 효과적으로 달성하기 위한 노력을 결코 포기하지 말아야 한다. 북한 비핵화의 성공 여부에 따라 한민족의 장래, 그리고 아시아·태평양과 세계의 평화가 결정지어질 것이기 때문이다.

주
—

제1장 한국과 핵무기의 역사상 관계

1. 김상원 외, 『6·25전쟁사 (8): 중공군 총공세와 유엔군의 재반격』, 서울: 국방부 군사편찬연구소, 2011, 53~55쪽.
2. 김상원 외, 『6·25전쟁사 (11): 고지쟁탈전과 정전협정 체결』, 서울: 국방부 군사편찬연구소, 2013, 57~58, 64~66쪽.
3. 정경두, 「미국의 동북아 위협인식 변화에 따른 한반도 내 전술핵무기의 역할 연구」, 『軍史』, 제83호, 2012. 6, 111~112쪽.
4. 일반적으로 핵무기는 적 영토 내부의 중요 표적들(대도시, 정치·군사 지휘부, 주요 경제 기반시설 등)을 공격하기 위한 '전략핵무기(strategic nuclear weapon)', 군사 분쟁 지역에 전진 배치되어 전방에서 전투 수행을 위해 사용되는 '전술핵무기(tactical nuclear weapon)'로 각각 구분된다. 그러나 핵무기가 발휘하는 대규모 파괴·살상 능력과, 이를 사용할 경우 야기될 정치적·외교적 파급력 등을 고려할 때, 핵무기는 본질적으로 전략무기의 성격을 가질 수밖에 없다. 이에 이 책에서는 핵무기를 탑재·발사 수단의 투사(投射) 거리를 기준으로 ① 야전 배치 무기(대포, 중·소형 항공기 등)로 탑재·운용되는 사거리 수십~수백, 1,000킬로미터 이하의 '단거리 핵무기', ② 특정 지역(아시아, 유럽, 중동 등) 이내를 공격권으로 하는 사거리 2,000~5,000킬로미터 내외의 '중거리 핵무기', 그리고 ③ 대양(大洋) 너머 지역을 공격할 수 있는 사거리 5,000~1만 킬로미터 이상의 '장거리 핵무기'로 분류함을 밝혀둔다.
5. 김일영·조성렬, 『주한미군: 역사, 쟁점, 전망』, 서울: 한울아카데미, 2003, 108쪽.
6. 정경두, 앞의 글, 2012, 121쪽.
7. 김일영·조성렬, 앞의 책, 2003, 110쪽.
8. 정경두, 앞의 글, 2012, 123쪽.

9. 장삼열 외, 『한미동맹 60년사』, 서울: 국방부 군사편찬연구소, 2013, 131쪽.

10. 같은 책, 125쪽.

11. 이후 주한미군은 1991~1992년에 6,500여 명이 감축되어 3만 7,000여 명이 되었지만, 2000년대에 추진된 미군의 해외 주둔 병력 재배치(GPR: Global Posture Review)의 일환으로 2004~2006년 사이에 9,000여 명의 주한미군이 다시 감축되었다. 당초 1만 2,000여 명 감축이 계획되었지만, 2008년부터 중단되었다. 그 결과 현재 주한미군 병력 규모는 2만 8,000여 명을 유지하고 있다. 같은 책, 315쪽.

12. 김형아 지음, 신명주 옮김, 『유신과 중화학공업: 박정희의 양날의 선택』, 서울: 일조각, 2005, 317~320쪽.

13. 홍성걸, 「박정희의 핵개발과 한미관계」, 정성화 엮음, 『박정희 시대 연구의 쟁점과 과제』, 서울: 선인, 2005, 266쪽.

14. 조철호, 「1970년대 초반 박정희의 독자적 핵무기 개발과 한미관계」, 『평화연구』, 제9호, 2000. 12, 195~196쪽.

15. 홍성걸, 앞의 글, 2005, 270쪽.

16. 같은 글, 2005, 268쪽.

17. 채희창 외, 「'80년 초 플루토늄 추출' 개발 의지 확고」, 『세계일보』, 2004. 8. 2.

18. 홍성걸, 앞의 글, 2005, 276~277쪽.

19. 정경두, 앞의 글, 2012, 116~117쪽.

20. 조철호, 「이중적 핵력개발정책과 한미 핵갈등」, 『아세아연구』, 제45권 제4호, 2002년 겨울, 282~283쪽.

21. 홍성걸, 앞의 글, 2005, 283~285쪽.

22. 조철호, 앞의 글, 2002, 284쪽.

23. 이호재, 『核의 世界와 韓國 核政策: 國際政治에 있어서의 核의 役割』, 서울: 법문사, 1981, 248~255쪽; 조철호, 앞의 글, 2002, 285~287쪽.

24. 홍성걸, 앞의 글, 2005, 286쪽.

25. 김형아 지음, 신명주 옮김, 앞의 책, 2005, 337~339쪽.

26. 한국에너지연구소는 전두환의 대통령 퇴임 후인 1989년에야 다시 본래 명칭인 한국원자력연구소로 환원되었다. 현재 명칭인 한국원자력연구원은 2007년부터 쓰고 있다. 이정훈, 『한국의 핵주권: 이야기로 쉽게 풀어 쓴 원자력』, 서울: 글마당, 2013, 213쪽.

27. 장삼열 외, 앞의 책, 2013, 223쪽.

28. 노효동·정묘정, 「외교열전: 경수로 노형 결정 '피 말리는' 막전막후」, 『연합뉴스』, 2011. 10.24.

29. 해당 평가는 북한이 핵무기 1개를 제조하는 데 소요되는 플루토늄, 고농축우라늄의 중량, 그리고 북한의 우라늄 농축 시설 규모와 운영 실태 등에 따라 달라질 수 있다. 정성윤 외, 『북한 핵 개발 고도화의 파급 영향과 대응 방향』, 서울: 통일연구원, 2016, 30~32쪽.

30. 김귀근·이영재, 「북 6차 핵실험: 역대 최대 위력… 軍전문가 '50 kt 위력 평가」, 『연합뉴스』, 2017. 9. 3.

31. 정성윤, 「북한의 6차 핵실험 (1): 평가와 정세 전망」, 『Online Series』, CO 17-26, 서울: 통일연구원. 2017. 9. 11, 4쪽.

32. 특히 북한은 2016년 1월부터 2017년 9월까지 21개월 동안에만 3차례의 핵실험, 40발이 넘는 탄도미사일 시험 발사를 실시했다. 이는 핵무장에 필요한 기술력을 조속히 확보하고, 자신들이 주장하는 핵보유국 지위를 기정사실화하기 위한 것으로 평가된다. 홍민, 『북한의 핵·미사일 관련 주요 활동 분석』, 서울: 통일연구원, 2017, 4~5쪽.

33. 엄상윤, 『북한의 핵무장과 한국의 안보·정치·경제적 위협』, 성남: 세종연구소, 2014, 16쪽.

34. 유용원, 「바람 분다고 못 뜬 美 폭격기… 한계 고스란히 드러난 핵우산」, 『조선일보』, 2016. 9. 13.

35. 북한이 개발한 ICBM급 장거리 탄도미사일의 시험 발사는 고각(高角) 사격 형태로 실시됐다. 가장 최근인 11월 29일에 시험 발사된 화성-15형은 고도 4,500킬로미터에 달하며 약 960킬로미터를 비행했는데, 이는 최대 1만 3,000킬로미터 이상의 사거리에 해당한다. 이 경우 북한의 ICBM급은 이론적으로 수도 워싱턴은 물론이고 최대 도시 뉴욕을 비롯한 미국 영토 전체를 공격권에 포함시킬 수 있다. 김귀근, 「北, 75일만의 미사일도발…ICBM급 동해상으로 발사」, 『연합뉴스』, 2017. 11. 29.

36. 한지훈, 「핵무기 보유 주장에 '찬성' 60% vs '반대' 35%[갤럽]」, 『연합뉴스』, 2017. 9. 8.

37. 해당 내용이 언론에 보도된 직후인 10월 14일, 외교부는 대변인 브리핑에서 "한반도 비핵화에 대한 우리 입장에는 변함이 없다"라고 해명했다. 외교안보위, 「대북 제재 국면에서의 통일·공공외교 추진 방안」, 민주평화통일자문회의 자문건의과, 『통일 정책 추진에 관한 정책 건의: 2016년 2차』, 서울: 민주평화통일자문회의, 2016, 9~10쪽.

38. 정윤섭·이슬기, 「한국당, '한반도 전술핵 재배치' 당론 채택」, 『연합뉴스』, 2017. 8.16.

39. 안용수·홍지인·이정현, 「"核에는 核" 커져가는 핵무장론… 與野 넘어서는 화두로 급부상」, 『연합뉴스』, 2016. 9. 12.

제2장 한국의 핵무장은 가능한가?

1. 한국은 2017년 6월 19일을 기해 최초의 원자력발전소인 고리 1호기의 가동을 영구 중단했고, 이로써 현재 운영되고 있는 원자력발전소의 숫자도 24개로 줄었다.

2. 미래창조과학부 편, 『2016 원자력 백서』, 과천: 미래창조과학부, 2016, 6쪽.

3. Charles D. Ferguson, "How South Korea Could Acquire and Deploy Nuclear Weapons", Nonproliferation Policy Education Center, May 2015, pp.13~14(http://npolicy.org/books/East_Asia/Ch4_Ferguson.pdf).

4. 국방부 전력정책관실, 『2014~2028 국방과학기술 진흥정책서』, 서울: 국군인쇄창, 2014, 16~18쪽.

5. 서균렬, 「국내 과학자가 본 한국 핵무장 능력: 2년이면 핵폭탄 100개도 제조 가능」, 『주간조선』, 2015. 5.11.

6. 김동욱, 『한반도 안보와 국제법』, 파주: 한국학술정보, 2010, 18쪽.

7. 한국의 방사성폐기물 저장, 처분 현황에 관해서는 다음 참고. 미래창조과학부 편, 2016, 10~11쪽.

8. 박미용, 「한국 정말 핵무기 개발하려 했나?」, 『과학동아』, 2004. 10.

9. 한국은 2016년 5월부터 원자로 등 주요 원자력 관련 시설들에 대해, IAEA가 사전 통보 없이 불시에 사찰을 실시하는 '무(無)통보 사찰'(unannounced inspection) 제도를 수용하였다. 이에 따라 그동안 원자력 관련 시설들을 대상으로 설치했던 IAEA의 감시 카메라도 순차적으로 제거하게 되었다. 현재 IAEA는 일본, 프랑스, 핀란드, 스위스 등 20개국 이상의 50여개 원자력 관련 시설들에도 무통보 사찰을 적용하고 있다.

10. James Clay Moltz, "Future Nuclear Proliferation Scenarios in Northeast Asia", Nonproliferation Review, Vol.13, No.3, November 2006, p.595.

11. 2011년 9월을 기준으로 일본은 영국, 프랑스에 재처리를 위탁한 23.3톤 외에 총 6.7톤의 플루토늄과 1.2~1.4톤의 농축우라늄을 자국의 원사력빌

전소에서 재활용할 핵연료 용도로 자체 생산, 비축하고 있다. 이는 수천 개의 핵무기를 제조할 수 있는 규모다. 신성택, 「핵무장 넘보는 일본의 핵 능력」, 『Online Series』, CO 12-25, 서울: 통일연구원. 2012. 6. 29, 2~4쪽.

12. 이후 송영무 국방장관은 9월 18일 국회 국방위원회 전체회의에서도 "핵무기를 보유하는 것은 국제적인 압력, 경제적인 문제 등을 야기할 것이기 때문에 합당하지 않다"라고 밝혀, 미군 핵무기의 재배치를 비롯한 핵무장 주장을 정부 차원에서 수용하지 않을 것임을 재확인했다.

13. 이후에도 문재인 대통령은 2017년 11월 1일의 국회 시정연설에서도 "남북이 공동 선언한 「한반도 비핵화 선언」에 따라, 북한의 핵보유국 지위는 용납할 수도 인정할 수도 없습니다."라고 밝히면서, "우리도 핵무기를 개발하거나 보유하지 않을 것입니다."라고 말하여 한국 내부의 핵무장(특히 미군 핵무기의 재배치) 주장을 수용하지 않을 것임을 재확인했다. 정우상, 「文대통령 전술핵 반입 동의 안 한다」, 『조선일보』, 2017. 9. 15.

14. 박영환, 「매티스 미 국방 '핵무기 위치는 중요하지 않다'」, 『경향신문』, 2017. 9. 16.

15. 이한승, 「美국무부 인사들 '전술핵 배치 어렵다… 핵우산을 믿어달라'」, 『연합뉴스』, 2017. 9. 16.

16. Hans M. Kristensen and Robert S. Norris, "US Nuclear Forces 2017", *The Bulletin of the Atomic Scientists*, Vol.73, No.1, January/February 2017, p.49.

17. Amy F. Woolf and Emma Chanlett-Avery, "Redeploying U.S. Nuclear Weapons to South Korea: Background and Implications in Brief", *CRS Report for Congress*, R44950, September 14, 2017, p.4.

18. 같은 글, p.6.

제3장 한국의 핵무장은 바람직한가?

1. 문순보, 「공세적 대북 안보전략의 실행 조건: 북한의 핵, 미사일 위협에 대한 대응을 중심으로」, 『국가안보와 전략』, 제17권 제2호, 2017년 여름, 181~185쪽.

2. 전성훈, "북한 비핵화와 핵우산 강화를 위한 이중경로정책", 「국가전략」, 제16권 제1호, 2010. 3, 76~81쪽.

3. 김재엽, 「냉전 후기 유럽의 중거리 핵전력(INF) 경쟁과 한국 안보에 대한 함의」, 『軍史』, 제101호, 2016. 12, 50~58쪽.

4. 냉전 시절인 1960년대 미국의 로버트 맥나마라 국방장관은 소련에 대한 확증파괴 달성의 구체적 조건으로 '소련 전체 인구의 25퍼센트, 산업 능력의 50퍼센트 이상'을 파괴, 살상할 수 있는 핵 공격 능력을 제시했다. 고봉준, "공세적 방어. 냉전기 미국 미사일방어체제와 핵전략", 「한국정치연구」, 제16권 제2호, 2007. 10, 217쪽.

5. 현재까지 북한은 ICBM급 탄도미사일의 배치, 운용을 위한 이동식 발사 차량을 최소 6대 보유 중인 것으로 평가된다. 이들 차량은 지난 2012년과 2013년, 2015년, 2017년 평양에서 열린 군사 퍼레이드에 등장했다. 최근에는 북한이 2017년 7월과 11월에 실시한 ICBM급 탄도미사일의 시험 발사에도 사용된 바 있었다. Office of the Secretary of Defense, *Military and Security Development Involving the Democratic People's Republic of Korea 2015*, Washington D.C.: Department of Defense, 2016, p.19.

6. 북한의 ICBM급 탄도미사일 개발 능력에 관한 기술적인 평가, 분석은 다음 논문 참고. 이상민, 「북한 화성14형, 과연 ICBM인가?」, 『週刊國防論壇』, 제1682호, 2017. 7. 31; 이상민, 「화성14형 2차 시험 발사의 得과 失」, 『週刊國防論壇』, 제1684호, 2017. 8. 14.

7. 심지어 일부 미사일 전문가들은 북한이 ICBM급 탄도미사일의 시험 발사에서 비행시간 및 비행거리를 극대화하기 위해 실전에 사용되는 것보다 훨씬 가벼운 탄두를 장착했으며, 이를 통해 미국 영토에 대한 핵 공격 능력을 확보한 것처럼 선전하려는 속임수일 가능성을 제기하고 있다. 윤동영, 「北 화성14 성능에 '차분한' 평가 잇따라… '사거리 기만극' 분석도」, 『연합뉴스』, 2017. 9. 1.

8. 김민석, 「8번 쏴 7번 실패… '배치된 무수단 미사일 다 폐기할 상황'」, 『중앙일보』, 2016. 11. 1.

9. David Wright, "North Korea's Sept. 15 Missile Launch over Japan", http://allthingsnuclear.org/dwright/nk-sept-15-launch-over-japan, 2017. 9. 14.

10. 정성윤 외, 『북한 핵 개발 고도화의 파급 영향과 대응 방향』, 서울: 통일연구원, 2016, 95~98쪽.

11. 김재엽, 「핵무장국 사이의 제한전쟁 수행과 한반도에의 적용: 1999년 인도·파키스탄의 카르길 전쟁 사례를 중심으로」, 『국제문제연구』, 제14권

제3호, 2014년 가을, 119~127쪽.

12. 정성윤 외, 앞의 책, 2016, 264~265쪽.

13. 김재엽, 앞의 글, 2016년 12월, 66쪽.

14. 통일교육원 교육개발과, 『2017 북한 이해』, 서울: 통일연구원, 2016, 50쪽.

15. 한국은 지난 2010년 10월부터 시작된 4년 이상에 걸친 미국과의 협상 끝에, 2015년 4월 『한미 원자력협정』(1956년 제정. 1973년 1차 개정)의 주요 개정 내용에 합의했다. 이에 따르면, 한국은 그동안 미국의 사전 동의를 필요로 했던 사용후핵연료에 관한 연구개발을 '협정 기간 동안의 포괄적 장기 동의' 형태로, 이전보다 자율적으로 수행할 수 있게 되었다. 이를 통해 한국은 독자적인 원자력 발전 수요를 충족시키면서, 기술적으로 무기급 핵물질의 생산 위험성을 최소화하는 사용후핵연료의 건식(乾式) 재처리(일명 '파이로 프로세싱'(pyroprocessing)) 기술의 연구에 본격적으로 착수할 수 있게 되었다. 또한 개정된 『한미 원자력협정』은 한국에 대해 사용후핵연료의 재처리, 핵연료(즉, 우라늄)의 농축을 금지하도록 명시화하지 않았다. 그리고 미국에서 핵연료로 제공받는 저농축 우라늄을 한미 양국의 합의를 통해, 무기급에 미달하는 20% 미만의 범위에서 농축할 수 있는 제도적 추진 경로를 마련하기로 했다. 전봉근, 「신(新)한미 원자력협정의 성과와 후속 과제」, 『주요 국제문제분석』, No. 2015-12, 2015. 5. 6, 3~9쪽.

16. 핵무장에 관한 이스라엘의 정책적 모호성에 대해서는 다음 논문 참고. 부승찬, 「이스라엘의 핵개발 결정과 핵전략」, 『국가전략』, 제23권 제2호, 2017년 여름, 106~107쪽.

17. 일본은 지난 1987년부터 미국과의 원자력협정 개정을 통해, 사용후핵연료의 재처리 등 독자적으로 플루토늄을 생산할 수 있는 권리를 인정받고 있다. 하지만 이는 IAEA의 안전조치협정에 따라 일본 내부의 관련 시설들이 국제사회의 상시적인 감시를 받음을 전제로 한 것이며, 이조차도 일본이 비핵 3원칙을 선언한 지 20년이 지난 후에야 이루어졌음을 명심할 필요가 있다. 김지연, 「일본 핵에너지 정책의 이중성에 대한 분석」, 『국제정치논총』, 제42집 제2호, 2002. 6, 137~141쪽.

18. 한국은 우라늄을 비롯한 핵연료를 미국, 러시아, 캐나다, 호주, 프랑스 등으로부터 수입하고 있다. 이들 국가는 원자력 관련 품목의 수출 통제를 위한 '핵공급국 그룹'(NSG: Nuclear Suppliers Group)의 일원이다.

19. 이후 한국 정부가 IAEA의 추가 사찰을 수용하고 적극적인 해명에 나서는 등 외교적 노력을 기울인 끝에, 그해 11월 IAEA 이사회는 "사용된 핵물질은 유의미한 양이 아니며, 이후 미신고된 실험이 없었고, 한국의 시정조치와 사찰 협조를 환영한다"라는 의장 결론을 채택했다. 이로써 한국은 UN 안전보장이사회에 회부되는 외교적 위기에서 간신히 벗어날 수 있었다. 노효동·정묘정,「외교열전: '南核' 안보리 문턱까지 갔었다」,『연합뉴스』, 2011. 8. 15.

20. 김현욱,「미 대선 이후 한미관계: 전망과 대안」,『정세와 정책』, 제249호, 2016. 12, 7쪽.

21. 빈센트 브룩스 현 주한미군 사령관도 한국에 부임하기 직전인 2016년 4월 19일, 미국 상원 군사위원회의 인준 청문회에서 "미국이 핵우산을 제공하지 않는다면, 한국은 스스로의 안보를 위해 핵무장을 검토할 수밖에 없을 것"이라는 견해를 밝혔다. 윤정호·이용수,「美가 핵우산 제공 안 하면 한국은 핵무장 검토해야」,『조선일보』, 2016. 4. 21.

제4장 정책 대안

1. 박원곤,「미국의 대한국 핵우산 정책 분석 및 평가」,『국방정책연구』, 제77호, 2007년 가을, 51~53쪽.

2. 조준형,「한미 확장억제전략협의체, 나토 모델과 닮았지만 위상엔 차이」,『연합뉴스』, 2016. 10. 20.

3. 황일도,「동맹과 핵공유: NATO 사례와 한반도 전술핵 재배치에 대한 시사점」,『국가전략』, 제23권 제1호, 2017년 봄, 13~15쪽.

4. 김재엽,「한반도 군사안보와 핵(核)전략: 북한 핵무장 위협에의 대응을 중심으로」,『국방연구』, 제56권 제2호, 2016. 6. 47.

5. 미 공군은 기술적으로 핵무기의 탑재, 투하 능력을 갖춘 B-52, B-2 폭격기를 총 100여 대 보유하고 있지만, 이 가운데 실제로 핵무기의 탑재, 투하 임무를 담당하는 것은 약 60대로 추산된다. 미국이 보유하고 있는 핵전력 현황에 대해서는 다음 참고. Stockholm International Peace Research Institute, *SIPRI Yearbook 2015: Armaments, Disarmament and International Security*, Oxford, UK: Oxford University Press, 2015, pp.466~470.

6. 전웅빈·최현수,「美 전략자산 출격주기 짧아져 '한국 상시배치' 효과」,『국민일보』, 2017. 9. 19.

7. 2016년 12월 기준으로 한국 육군은 발사대 기준으로 총 200대 이상의 탄도미사일 전력을 보유, 배치하고 있는데, 이는 100여 대 규모인 북한을 앞지른 것이다. 사거리를 800킬로미터로 연장시킨 한국군의 신형 탄도미사일도 2017년 6월과 8월에 시험 발사를 성공시켰고, 곧 양산 및 실전 배치를 진행할 예정이다. 국방부,『2016 국방백서』, 서울: 국방부, 2016, 236쪽.

8. 이보다 앞선 2017년 9월 15일에도 한국군은 북한이 화성-12형 중거리 탄도미사일을 시험 발사하자, 역시 6분 만인 오전 7시 3분에 사거리 300킬로미터급 국산 탄도미사일의 실사격 훈련을 실시하여 대응한 바 있다. 김광수,「北 미사일 1분 만에 탐지, 6분 만에 대응 타격훈련」,『한국일보』, 2017. 11. 30.

9. 일부 언론에서는 '참수(斬首: decapitation) 작전'으로도 부른다. 군 당국은 북한이 ICBM이라고 주장하는 화성-14형 탄도미사일을 두 차례 시험 발사한 직후인 2017년 7월 5일과 29일, 그리고 6차 핵실험을 강행한 다음날인 9월 4일에 사거리 300킬로미터급 국산 탄도미사일의 동시다발적인 발사 훈련을 실시하고, 현재 유럽에서 도입 중인 장거리 공대지 순항미사일 '타우러스'의 시험 발사, 명중 영상도 공개하여 북한 정권에 대한 대량 응징 보복 능력을 과시했다. 국방부, 2016, 60~61쪽; 김귀근,「軍, 가상 평양 타격 장면 등 '참수작전' 영상 대거 공개」,『연합뉴스』, 2017. 7. 5.

10. 김윤태 외,「북한 핵 위협 가시화에 따른 억제전략의 구상과 구현 방안」,『국방정책연구』, 제32권 제4호, 2016년 겨울, 129~130, 137~138쪽.

11. 국방부, 앞의 책, 2016, 59쪽.

12. 정성룡·조봉재,「탄도미사일 다층방어체계 구축을 위한 고려사항」,『週間國防論壇』, 제1588호, 2015.10. 12, 3~7쪽.

13. THAAD의 1개 포대는 발사대 6대와 조기경보 레이더, 지휘통제 차량 등으로 구성되며, 각 발사대는 최대사거리 200킬로미터인 장거리 요격미사일을 8개씩 장착한다. 즉 이론상으로 THAAD 1개 포대는 북한의 탄도미사일 48개를 150킬로미터 이내의 중·고고도에서 동시에 요격할 수 있는 능력을 제공한다. 김귀근,「사드 1개 포대 진용 완비… 軍 '北미사일 요격률 높여'」,『연합뉴스』, 2017.9. 7.

14. 이는 THAAD 요격미사일의 적 탄도미사일 탐지, 추적을 담당하는 AN/TPY 레이더의 최대 1,000킬로미터에 달하는 감시 범위에 중국 동북부에

배치된 탄도미사일 전력까지 포함될 수 있음을 근거로 한다. 김민석, 「중국, 둥펑3 추적당할까봐 사드 반대」, 『중앙일보』, 2016. 8. 9.

15. 미국은 2017년 1월부터 일본 야마구치(山口)현 이와쿠니(岩國)의 주일미군 기지에 F-35 스텔스 전투기의 배치를 시작했다. 주일미군의 F-35는 2017년 3월 말 한미 연합 해병 훈련에 투입되어 정밀 공습 훈련을 실시했고, 이후 8월 31일과 9월 18일에 한국 공군의 F-15K 전폭기, 미 공군의 B-1 장거리 폭격기와 함께 한미 연합 공군 훈련에 참가하여 유사시 북한에 대한 항공 차단 임무 수행 능력을 과시했다. 김귀근, 「한미, F-22·F-35B 스텔스기 한반도 순환배치 검토」, 『연합뉴스』, 2017. 9. 3.

16. 권혁철, 「한국형 킬 체인(Korea Kill Chain)의 진단과 발전 방향」, 『전략연구』, 제64호, 2014. 11, 106~108쪽.

17. 김정섭, 「한반도 확장억제의 재조명: 핵우산의 한계와 재래식 억제의 모색」, 『국가전략』, 제21권 제2호, 2015. 6, 28~33쪽.

18. 전봉근, 「주변 핵강대국의 핵전략 동향과 한국 안보에 대한 함의 분석」, 『주요국제문제분석』, No.2016-46, 2016. 12. 1, 4~6쪽.

19. 전봉근, 「북한 핵 교리의 특징 평가와 시사점」, 『주요국제문제분석』, No.2016-26, 2016. 7. 22, 7~9쪽.

20. 이용인·김지은, 「미, 한국에 전술핵 재배치 … '현실성 없는 대중국 공포탄'」, 『한겨레』, 2017. 9. 11.

21. 지난 2012년에 개정된 현행 「한미 미사일 지침」은 한국이 독자 개발하는 탄도미사일 가운데 최대 사거리인 800킬로미터의 경우, 최대 0.5톤 중량의 탄두만을 장착하도록 되어 있었다. 이번 한미 양국의 합의로 국산 탄도미사일의 탄두 중량 제한이 철폐되면서, 한국은 북한 각 지역의 지하시설까지 신속하고, 정확하게 파괴할 수 있는 신형 탄도미사일의 개발·확보가 가능해질 것으로 기대된다. 이영재, 「미사일 탄두중량 제한 해제…北전역 지하 벙커 파괴 가능」, 『연합뉴스』, 2017. 9. 5.

22. 미국은 『원자력법』(Atomic Energy Act) 제123조에 따라 군사용 농축 우라늄의 수출을 금지하고 있으며, 역시 원자력 잠수함을 보유하고 있는 영국, 프랑스 등의 국가들도 비슷한 수출 통제제도를 시행 중이다. 따라서 한국이 원자력 잠수함을 확보한다면, 이를 운용하는 데 필요한 핵연료(특히 농축 우라늄)는 독자적으로 개발, 생산할 수밖에 없다. 차세현, 「핵 추진 잠수함 개발, 美 농축 우라늄 판매 금지가 걸림돌」, 『중앙선데이』, 2017. 9. 24.

프랑스엔 〈크세주〉, 일본엔 〈이와나미 문고〉, 한국에는 〈살림지식총서〉가 있습니다.

한국의 핵무장

펴낸날	초판 1쇄 2017년 12월 29일

지은이	김재엽
펴낸이	심만수
펴낸곳	(주)살림출판사
출판등록	1989년 11월 1일 제9-210호

주소	경기도 파주시 광인사길 30
전화	031-955-1350 팩스 031-624-1356
홈페이지	http://www.sallimbooks.com
이메일	book@sallimbooks.com

ISBN	978-89-522-3829-0 04080
	978-89-522-0096-9 04080 (세트)

※ 값은 뒤표지에 있습니다.
※ 잘못 만들어진 책은 구입하신 서점에서 바꾸어 드립니다.

이 도서의 국립중앙도서관 출판시도서목록(CIP)은 서지정보유통지원시스템 홈페이지
(http://seoji.nl.go.kr)와 국가자료공동목록시스템(http://www.nl.go.kr/kolisnet)에서
이용하실 수 있습니다.(CIP제어번호: CIP2017034349)

책임편집·교정교열 김건희

089 커피 이야기   eBook

김성윤(조선일보 기자)

커피는 일상을 영위하는 데 꼭 필요한 현대인의 생필품이 되어 버렸다. 중독성 있는 향, 마실수록 감미로운 쓴맛, 각성효과, 마음의 평화까지 제공하는 커피. 이 책에서 저자는 커피의 발견에 얽힌 이야기를 통해 그 기원을 설명한다. 커피의 문화사뿐만 아니라 커피에 대한 일반적인 정보 및 오해에 대해서도 쉽고 재미있게 소개한다.

021 색채의 상징, 색채의 심리

박영수(테마역사문화연구원 원장)

색채의 상징을 과학적으로 설명한 책. 색채의 이면에 숨어 있는 과학적 원리를 깨우쳐 주고 색채가 인간의 심리에 어떤 작용을 하는지를 여러 가지 분야의 사례를 통해 설명한다. 저자는 색에는 나름대로의 독특한 상징이 숨어 있으며, 성격에 따라 선호하는 색채도 다르다고 말한다.

001 미국의 좌파와 우파   eBook

이주영(건국대 사학과 명예교수)

진보와 보수 세력의 변천사를 통해 미국의 정치와 사회 그리고 문화가 어떻게 형성되고 변해왔는지를 추적한 책. 건국 초기의 자유방임주의가 경제위기의 상황에서 진보-좌파 세력의 득세로 이어진 과정, 민주당과 공화당의 대립과 갈등, '제2의 미국혁명'으로 일컬어지는 극우파의 성장 배경 등이 자연스럽게 서술된다.

002 미국의 정체성 10가지 코드로 미국을 말하다   eBook

김형인(한국외대 연구교수)

개인주의, 자유의 예찬, 평등주의, 법치주의, 다문화주의, 청교도정신, 개척 정신, 실용주의, 과학·기술에 대한 신뢰, 미래지향성과 직설적 표현 등 10가지 코드를 통해 미국인의 정체성과 신념을 추적한 책. 미국인의 가치관과 정신이 어떠한 과정을 통해서 형성되고 변천되어 왔는지를 보여 준다.

058 중국의 문화코드

강진석(한국외대 연구교수)

중국의 핵심적인 문화코드를 통해 중국인의 과거와 현재, 문명의 형성 배경과 다양한 문화 양상을 조명한 책. 이 책은 중국인의 대표적인 기질이 어떠한 역사적 맥락에서 형성되었는지 주목한다. 또한, 구체적이고 실제적인 여러 사물과 사례를 중심으로 중국인의 사유방식에 대해 설명해 주고 있다.

057 중국의 정체성 `eBook`

강준영(한국외대 중국어과 교수)

중국, 중국인을 우리는 과연 어떻게 이해해야 하나? 우리 겨레의 역사와 직 · 간접적으로 끊임없이 영향을 주고받은 중국, 그러면서도 아직까지 그들의 속내를 자신 있게 말할 수 없는, 한편으로는 신비스럽고, 한편으로는 종잡을 수 없는 중국인에 대한 정체성을 명쾌하게 정리한 책.

015 오리엔탈리즘의 역사 `eBook`

정진농(부산대 영문과 교수)

동양인에 대한 서양인의 오만한 사고와 의식에 준엄한 항의를 했던 에드워드 사이드의 오리엔탈리즘. 이 책은 에드워드 사이드의 이론 해설에 머무르지 않고 진정한 오리엔탈리즘의 출발점과 그 과정, 그리고 현재와 미래의 조망까지 아우른다. 또한 오리엔탈리즘이 사이드가 발굴해 낸 새로운 개념이 결코 아님을 역설한다.

186 일본의 정체성 `eBook`

김필동(세명대 일어일문학과 교수)

일본인의 의식세계와 오늘의 일본을 만든 정신과 문화 등을 소개한 책. 일본인을 지배하는 이데올로기는 무엇이고 어떤 특징을 가지는지, 일본을 주목해야 하는 이유는 무엇인지 등이 서술된다. 일본인 행동양식의 특징과 토착적인 사상, 일본사회의 문화적 전통의 실체에 대한 분석을 통해 일본의 정체성을 체계적으로 살펴보고 있다.

261 노블레스 오블리주 세상을 비추는 기부의 역사

예종석(한양대 경영학과 교수)

프랑스어로 '높은 사회적 신분에 상응하는 도덕적 의무'를 뜻하는 노블레스 오블리주. 고대 그리스부터 현대까지 이어지고 있는 노블레스 오블리주의 역사 및 미국과 우리나라의 기부 문화를 살펴보고, 새로운 시대정신으로 노블레스 오블리주를 부활시킬 수 있는 가능성을 모색해 본다.

396 치명적인 금융위기, 왜 유독 대한민국인가 `eBook`

오형규(한국경제신문 논설위원)

이 책은 전 세계적인 금융 리스크의 증가 현상을 살펴보는 동시에 유달리 위기에 취약한 대한민국 경제의 문제를 진단한다. 금융안정망 구축 방안과 같은 실용적인 경제정책에서부터 개개인이 기억해야 할 대비법까지 제시해 주는 이 책을 통해 현대사회의 뉴노멀이 되어 버린 금융위기에서 살아남는 방법을 확인해 보자.

400 불안사회 대한민국, 복지가 해답인가 `eBook`

신광영(중앙대 사회학과 교수)

대한민국 사회의 미래를 위해서 복지는 선택이 아니라 필수라고 말하는 책. 이를 위해 경제 위기, 사회해체, 저출산 고령화, 공동체 붕괴 등 불안사회 대한민국이 안고 있는 수많은 리스크를 진단한다. 저자는 사회적 위험에 대응하기 위한 복지 제도야말로 국민 모두의 삶의 질을 높일 수 있는 길이라는 것을 역설한다.

380 기후변화 이야기 `eBook`

이유진(녹색연합 기후에너지 정책위원)

이 책은 기후변화라는 위기의 시대를 살면서 우리가 알아야 할 기본지식을 소개한다. 저자는 기후변화와 관련된 핵심 쟁점들을 모두 정리하는 동시에 우리가 행동해야 할 실천적인 대안을 제시한다. 이를 통해 독자들은 기후변화 시대를 사는 우리가 무엇을 해야 할 것인지에 대하여 생각해 볼 수 있을 것이다.

사회·문화

(주)살림출판사
www.sallimbooks.com
주소 경기도 파주시 문발동 522-1 | 전화 031-955-1350 | 팩스 031-955-1355